재밌는 한글과 그림

속독법

1단계

한국두뇌개발교육원 · 한국기억술연구원 손 동 조 지음
박 소 진 · 김 희 영 그림

BM 성안당

머리말

동화로 재미있게 속독하고, 논술의 기초 다지기

이 책은 아이들이 속독을 통해 책 읽기의 두려움을 없애고, 읽은 이야기를 빠르고 정확하게 이해해서 책 읽는 즐거움에 대해 알기 바라는 마음과 학업 때문에 정작 책 읽을 시간이 부족한 아이들에게 조금이라도 도움이 되고자 만들었습니다.

대부분 아이들이 자신이 좋아하는 동화책을 반복적으로 읽으면서 자연스럽게 속독을 체험합니다. 아이들은 독서하는 짧은 시간 안에 책 속의 많은 정보를 머릿속에 차곡차곡 저장하면서 읽은 내용을 다양하게 상상하고, 재구성하여 많은 세계를 경험하게 됩니다.
어른들은 이런 아이들에게 상상의 세계를 마음껏 펼쳐서 깊고 넓은 생각을 할 수 있도록 바람직한 독서환경을 마련해주어야 합니다. 바람직한 독서환경이란 논술 시험을 위한 독서가 아니라 아이들이 쉽게 읽고, 자유롭게 생각하고, 창의적으로 글쓰기를 할 수 있는 환경일 것입니다.

속독은 책을 여행하는 새로운 즐거움을 제공합니다.
속독법을 익히는 것은 자기만의 효과적인 공부 방법을 터득하는 것과 같습니다. 속독을 통해 다른 사람보다 빠르고 정확하게 정보를 얻어 앞서서 생각하면, 새로운 지식을 만들어 낼 기회가 많아집니다. 그러한 맥락에서 속독하는 사람은 다른 사람을 리드하는 능력까지 갖추게 됩니다.

그렇지만 꼭 속독하지 않더라도 책을 읽는 습관 자체가 자기 생각과 의견을 정리하고, 좋은 결론을 내리는 능력을 키우는 데 반드시 도움이 되기 때문에 책 읽기를 적극 추천해드립니다.

저자 손동조 원장

차 례

차례

한 행의 글자를 한눈에 읽자!

속독은 한 글자 보는 속도로 한 줄의 글자의 내용을 인지합니다.

시야확대 훈련은 시폭이 넓어질 수 있는 훈련입니다.

속독은 시점을 중심에 둔 상태에서 책을 읽기 시작합니다.

속독은 한 행의 글자를 최대한 많이 본 상태에서 안구를 순간 이동합니다.

속독법은 한 줄의 글자내용을 빠르게 인지하는 훈련이 필요합니다.

고개가 좌에서 우로 약간씩 움직이는 행동은 속독의 방해요인이 됩니다.

고개를 움직이며 책을 읽게 되면, 한 글자 한 글자를 따라서 읽게 되므로 시폭이 좁아져 많은 글자를 한 번에 볼 수 없는 이유가 됩니다.

속독법에서 한 행을 두 번이나 세 번을 나누어 정류하게 되면, 안구의 흐름이 주춤거려 내용연결이 부드럽지 않습니다.

한 행의 문장을 여러 번 끊어 읽게 되면 빨리 읽는 것 같지만 실제로는 속독의 방해요인이 됩니다.

속독법은 한 행의 문장을 되도록 한눈에 인지될 수 있도록 하는 훈련이 필요합니다.

예를 들어, '서울에/초등/학생들도/속독법을/배운다.'

라는 내용을 끊어서 읽는 방법보다 같은 내용의 글자를

'서울에 초등학생들도 속독법을 배운다.' 라고 한눈에 보고 인지하며 읽습니다.

속독법에서는 순간 이동하는 안구가 매끄럽게 움직여 속독의 묘미를 체험하게 됩니다.

속독은 눈으로 보고 마음으로 느끼는 목독이다!

"책을 빨리 읽고 싶은데 입안에서 중얼거리며 읽게 돼요?"
"입안에서 읽는 습관이 잘 고쳐지지 않아요?"
속독법의 훈련 기간에 훈련생이 많이 질문하는 내용입니다.
책을 읽는 방법에서 소리를 내서 읽는 방법과 소리를 내지 않고 읽는 방법이 있습니다.
독서법에서는 묵독과 음독이 다 필요합니다.
속독에서는 묵독 혹은 목독이 빨리 읽는 방법입니다.
묵독(默讀)은 소리를 내지 않고 읽는 방법으로 목독(目讀)과 같은 뜻입니다.
목독은 눈으로 읽는 방법으로 속독에서는 묵독보다 목독이라는 표현이 더 잘 어울립니다.
속독은 눈으로 읽는 방법입니다.
속독은 '눈이 아니라 뇌가 읽는다.'
목독은 뇌독(腦讀)의 뜻으로 확장되기도 합니다.
이 책에서는 쉽게 이해하고자 '목독'으로만 강조하겠습니다.
속독법에서 속도를 낼 수 없는 이유는 겉으로는 소리가 나지 않지만 입안에서 습관적으로 혀를 움직여 읽게 되는 경우입니다.
속독법에서 바르게 목독을 하는 방법은 혀를 아래로 말아서 가볍게 입을 다물거나 작은 숟가락을 입에 물고 혀가 움직이지 않도록 글을 읽어 나갑니다.
속독법은 완전 목독이 될 수 있도록 꾸준히 훈련해야 합니다.
습관은 하루아침에 고쳐지지 않습니다.
속독법을 배운다는 것은 습관을 고치는 방법이라 생각하고 꾸준히 훈련하십시오.

속독법으로 집중력을 기르자!

"왜? 책을 다 읽었는데 내용이 생각이 안 나요?"

"책을 다시 읽으면 안 될까요?"

속독법은 그냥 빨리만 읽기보다는 내용을 이해하고 기억하는 데 목적이 있습니다.

앞쪽에서 끊어 읽기와 한눈으로 읽었을 때 어느 쪽이 빠른지 확인이 되셨나요?

더 강조한다면 속독법은 머뭇거리며 읽거나 앞서 읽었던 내용이 생각이 나지 않아 다시 돌아가 읽는 역행운동을 하지 않습니다.

사람의 눈은 글의 내용을 인지하는 능력이 있습니다.

안구는 순간적으로 정지되어 있는 상태에서 내용을 정확하게 파악할 수 있습니다.

자유로운 분위기 속에서도 집중력을 기르는 훈련이 필요합니다.

언제까지 환경 탓으로 중요한 시간을 낭비해야 합니까?

속독법을 배웠다면 글의 내용 속으로 완전히 빠져서 몰입하며 읽으세요!

몰입하여 읽는다면 이해 능력과 집중력이 매우 좋아집니다.

긴 문장이라고 겁먹지 말고 글의 내용을 몇 등분으로 나누어 구분하고 몰입하여 읽습니다.

주요 핵심 내용을 기억한다면 이해도 훈련 방법이 됩니다.

속독법을 꾸준히 훈련하기를 권합니다.

낱말 인지 훈련은 속독법에서 핵심단어를 기억하고 내용을 이해하도록 도움이 됩니다.

속독훈련 방법

속독훈련은 눈의 흐름을 가볍고 부드럽게 빠르게 이동하여야 합니다.
기호나 글자를 한 글자, 한 글자 보는 것이 아니라 글자 군을 형성하여 한 눈에 많은 글자를 뭉쳐서 보고 즉시 이해하며 빠르게 이어나가야 합니다.
문장 내용 기억에는 내가 읽고자 하는 문장을 전체적으로 한번 훑어보고 나서 읽는 것이 속독에 많은 도움이 됩니다.
속독은 영상화하여 빠르게 읽고 내용을 분석해야 합니다.
속독의 비약훈련은 날듯이 높게 뛰어오르는 것을 의미합니다.
즉, 이론이나 대화의 순서를 밟아야 할 단계를 순서대로 밟지 않고 마구 건너 뛰면서 앞으로 나가면서 함축하여 이해하는 것입니다.
예를 들어, '일요일 아침 서울역에서 기차를 타고 부산으로 기차여행을 떠났다.'
'부산을 가고자 서울역에서 일요일 아침 기차를 탔다.'
거꾸로 분석해도 이해 능력에는 아무런 변함이 없음을 알 수 있습니다.
국어문법은 순서가 바뀌어도 뜻은 같습니다. 영어와 국어가 다른점입니다.
한글 문장은 꼭 순서대로 이해하기보다 내용을 빠르게 함축하여 이해해 나가는 것이 전체의 흐름을 파악하는 지름길이라 볼 수 있습니다.
속독법에서 글을 읽을 때에는 글의 내용을 마음으로 느껴 읽으면서 앞으로 전개될 내용을 미리 감지하면서 빠르게 읽어야 합니다.
읽는 즉시 내용이 머릿속에 저장 되어야 합니다.
예를 들어 '학교' 하면 학교만 생각나는 것이 아니라 선생님과 친구들이 생각나야 합니다.
한라산에 등산을 갈 예정이라면 제주도가 연상됩니다. 한 단어만 알면 여러 내용을 알듯이 넓은 시야와 빠른 안구의 흐름이 빠르게 독파할 수 있는 능력을 키우게 됩니다.
음악에 리듬이 있듯이 책을 읽을 때에도 가볍게 리듬을 타서 읽는 것이 기억에 오래 남게 됩니다.
글 전체를 키워드(key word) 중심으로 읽을 때 강약의 리듬을 넣어 중요한 부분은 강하게 인지하고 그렇지 않은 부분은 약하게 인지하며 리듬을 타듯이 자연스럽고 빠르게 글의 주요 내용을 파악하게 됩니다.

속독 특강! 하나!

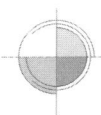

초등학교 입학 전부터 아이들은 책을 읽습니다.
다독하는 아이들은 초등학교 4학년 수준이면 자연스럽게 속독 능력이 생긴다고 저자는 생각합니다.
속독법 훈련은 직접적인 훈련과 간접적인 훈련이 있습니다.
직접적 훈련은 여러 번 책을 반복하여 읽습니다.
반복하여 읽은 책으로 속도를 더 빠르게 의도적으로 읽습니다.
반복 훈련 읽기는 자연스럽게 속독으로 책을 읽을 수 있는 능력을 터득합니다.
간접적인 훈련은 속독의 동그라미 기호를 이용하여 동그라미 하나가 한 단어라고 생각하여 빠르게 이동하여 훈련합니다.
속도를 내는 방해요소인 글자와 낱말은 기호로 대체했습니다.
속독의 기호를 인지하여 훈련하면 빠르게 속도를 낼 수 있습니다.
훈련을 거듭하여 글자와 단어를 인지합니다.
기호훈련의 속도가 글자단어의 속도로 연결됩니다.
한 줄 또는 두 줄 이상의 글자를 한 번에 인지할 수 있는 능력을 갖춥니다.
속독은 글자를 한 자 한 자 읽거나 단어나 문장을 이해하는 것이 아닙니다.
속독에서는 많은 글자를 한눈에 보고 이해하면서 책의 전개될 내용을 미리 감지합니다.
모르는 단어가 있어도 문장의 뜻만 이해된다면 막힘없이 글을 읽습니다.
속독은 이해 능력이 정확하고, 한눈에 많은 단어를 보고, 순간 이해할 수 있습니다.
속독법을 배우면 문장의 뜻을 빨리 이해합니다.
속독은 한글의 내용을 한 번에 알게 됩니다.
속독은 누구보다도 앞서나가는 방법입니다.

속독 특강! 둘!

책을 빨리 읽기란 타고난 능력은 아닙니다.
방법과 목표에 따라 달라질 수 있습니다.
속독의 경험과 훈련을 통하여 이루어지는 기술입니다.
속독은 충분한 안구 훈련이 필요합니다.
속독의 단계는 기본 안구 운동과 시야 확대 훈련, 글자 인지 훈련입니다.
3단계의 훈련으로 서서히 속독 능력을 발전시켜 나갑니다.
독학은 하루에 약 30분 속독법 책으로 훈련합니다.
실전 속독은 내용이 쉬운 동화책이나 소설책으로 훈련합니다.
'나는 항상 속독할 수 있다!'
의지와 신념으로 훈련합니다.
여러분은 속독 능력을 더욱 향상시킬 수 있습니다.
꾸준히 훈련합니다.
속독은 빨리 보고 인지됩니다.
속독은 눈을 통하여 뇌로 보고 기억합니다.
빨리 읽은 것이 습관화될 수 있도록 노력합니다.

안력운동 훈련 방법

1. 머리를 고정한 상태에서 바른 자세를 하세요.

2. 눈에 약간의 힘을 준 상태에서 훈련하세요.

3. 안구를 움직여서 화살표 방향을 따라 이동하세요.

4. 각 안력 운동 훈련기호에 따라 다양하게 운동하세요.

5. 차츰 안구에 힘이 생기며 안력이 강화됩니다.

6. 시야의 흐름이 원숙해지며 안구가 빨라집니다.

7. 시야의 폭이 더욱더 넓어지게 됩니다.

8. 매일 반복운동으로 시력이 향상됩니다.

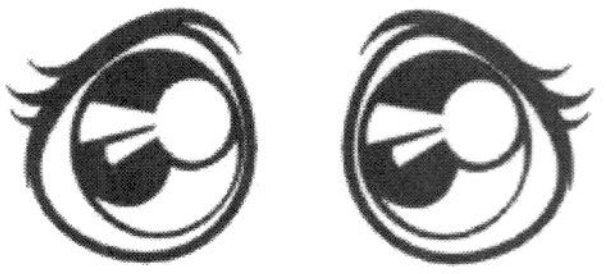

기호 1

안력 운동

▶ 시점을 중심에 두고 화살표 방향을 따라 좌로 2회, 우로 2회씩 10초 동안 빠르게 반복 실시하세요.

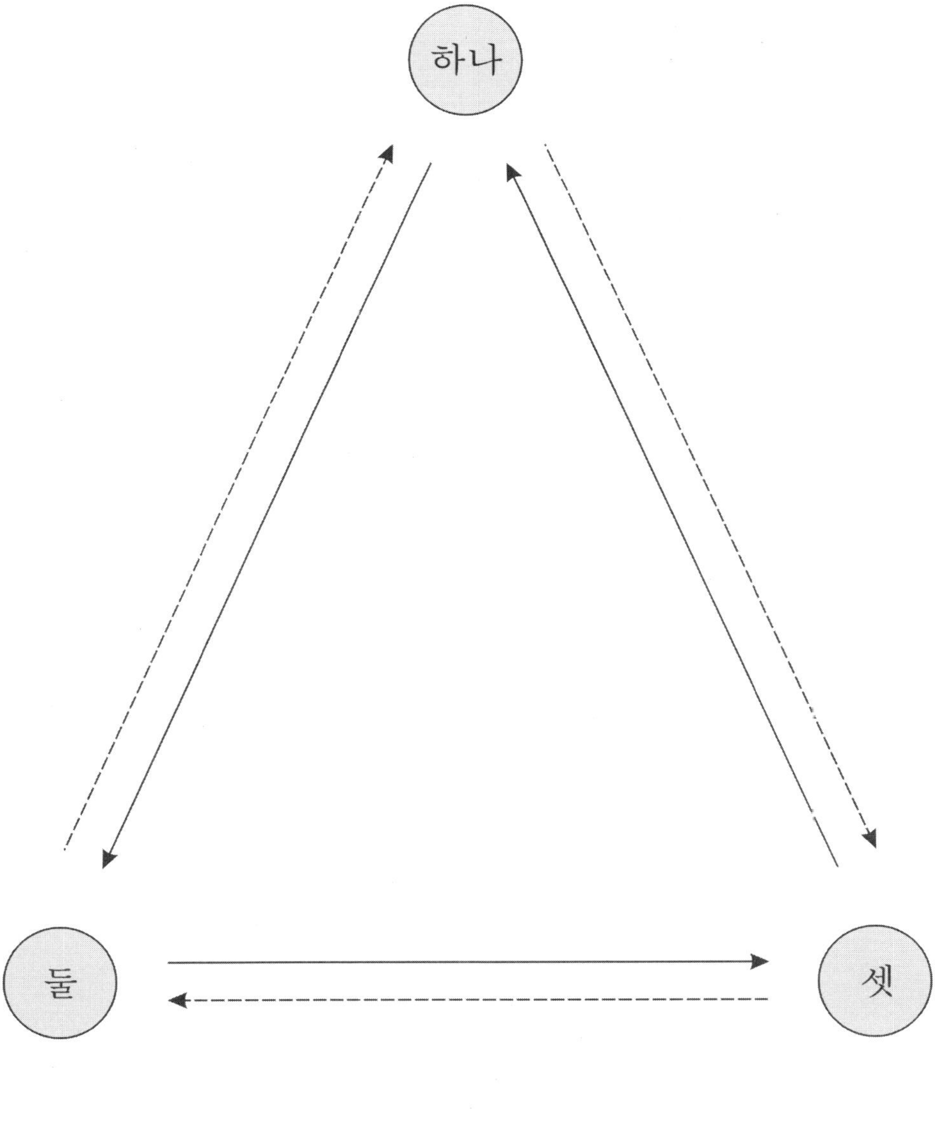

기호 2

안력 운동

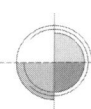

▶ 시점을 중심에 두고 화살표 방향을 따라 연속적으로 10초 동안 빠르게 반복 실시하세요.

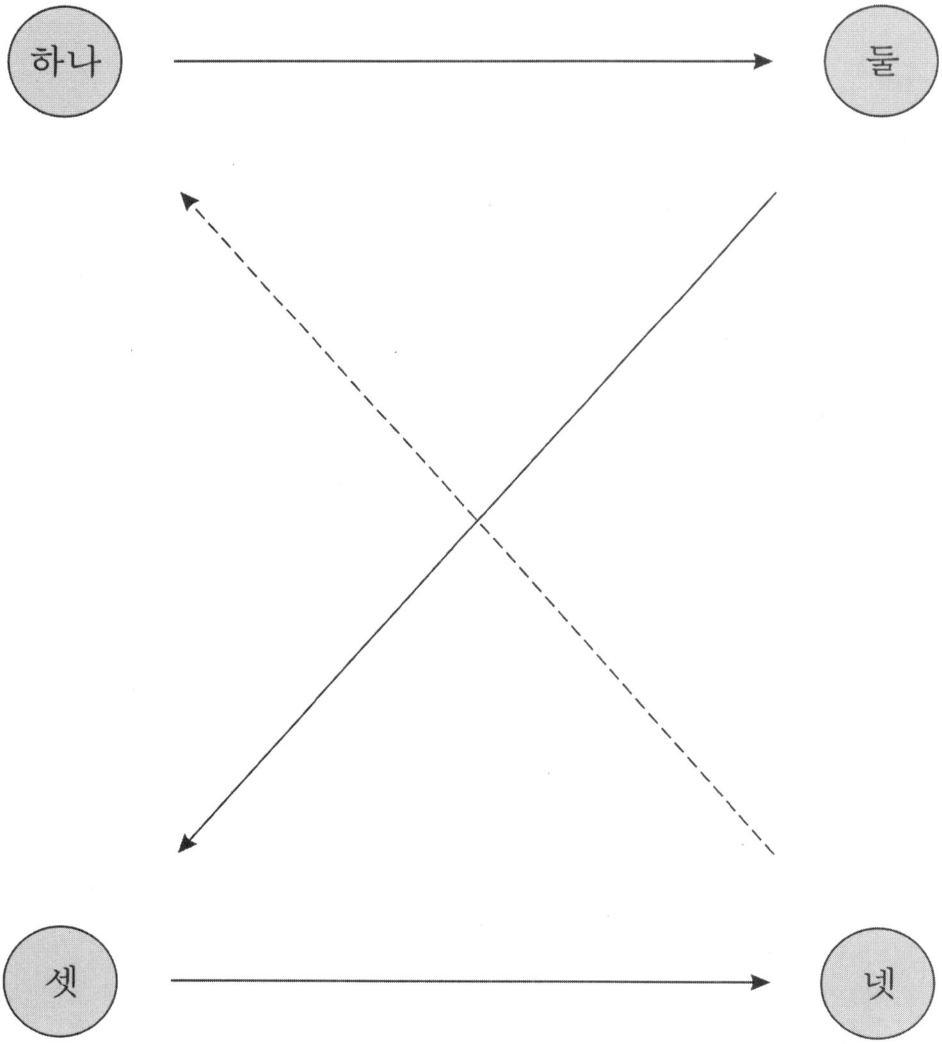

기호 3

안력 운동

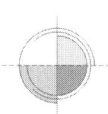

▶ 시점을 중심에 두고 화살표 방향을 따라 연속적으로 10초 동안 빠르게 반복 실시하세요.

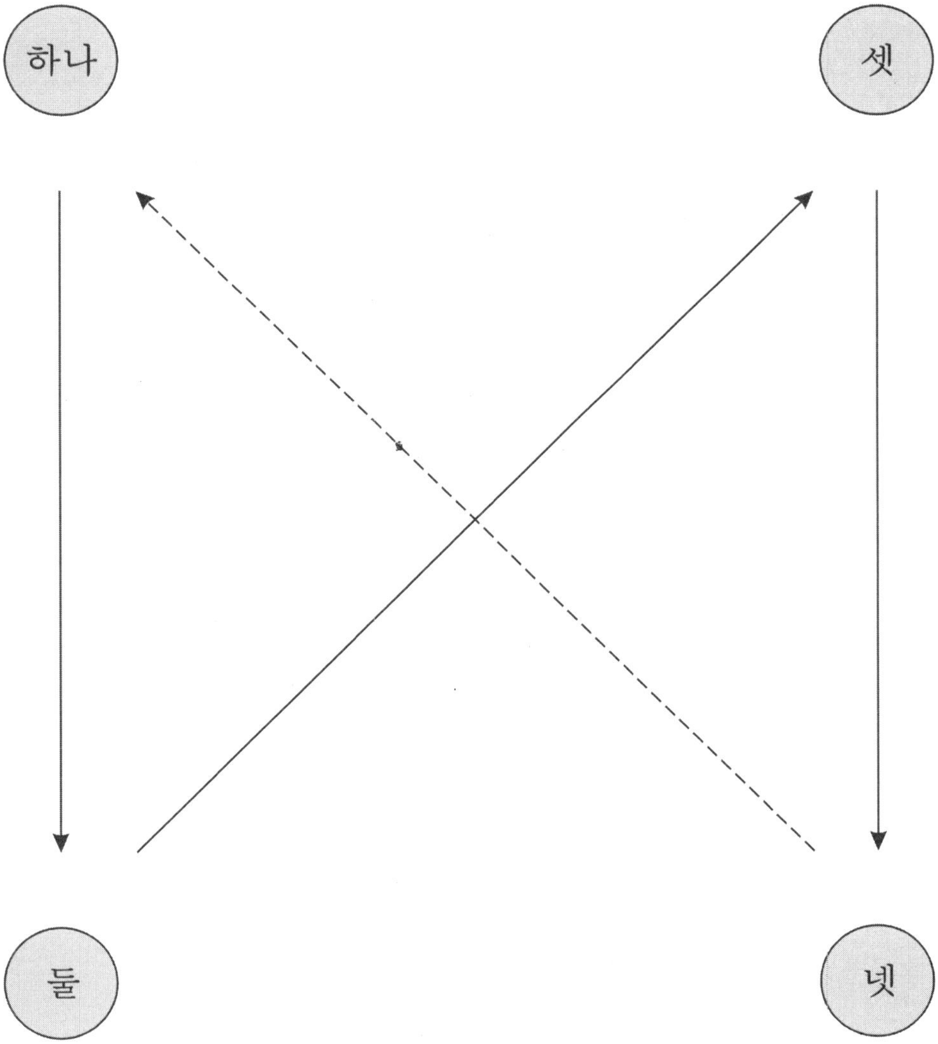

훈련 1

기본 안구 운동 및 글자인지 훈련

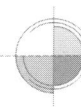

1. 시점을 중심에 둔 상태에서 좌·우의 글자를 인지하세요.
2. 머리를 고정한 상태에서 안구를 이동하여 인지하세요.
3. 시작과 동시에 훈련 1~2까지 초시계로 소요시간을 측정하세요.

← 시 점 →

우 ←→ 리
들 ←→ 이
속 ←→ 독
법 ←→ 을
배 ←→ 우
는 ←→ 이
유 ←→ 는
빠 ←→ 른
시 ←→ 간
안 ←→ 에
많 ←→ 은
책 ←→ 을
읽 ←→ 고
이 ←→ 해
하 ←→ 는
데 ←→ 그
목 ←→ 적

훈련 2

기본 안구 운동 및 글자인지 훈련

1. 시점을 중심에 둔 상태에서 좌 · 우의 글자를 인지하세요.
2. 머리를 고정한 상태에서 안구를 이동하여 인지하세요.
3. 시작과 동시에 훈련 1~2까지 초시계로 소요시간을 측정하세요.

← 시 점 →

이	←→	있
으	←→	며
그	←→	러
므	←→	로
누	←→	구
나	←→	열
심	←→	히
속	←→	독
법	←→	을
배	←→	워
서	←→	독
파	←→	할
수	←→	있
는	←→	능
력	←→	을
키	←→	웁
시	←→	다

기본 안구 운동 및 글자인지 훈련 기록표

▶ 시간이 단축될 수 있도록 소요시간을 꼭 기록하세요.
▶ 실력이 향상되도록 같은 내용을 반복 훈련하세요.

내용을 이해하면서 20초 이내 주파하세요.

속독 스피드훈련 측정기록란

※ 매 3회 실시

[스피드측정 1]

1차 초 | 2차 초 | 3차 초

[스피드측정 2]

4차 초 | 5차 초 | 6차 초

속독 자율훈련 측정기록란

[자율훈련 1]

1차 초 | 2차 초 | 3차 초

[자율훈련 2]

4차 초 | 5차 초 | 6차 초

[자율훈련 3]

7차 초 | 8차 초 | 9차 초

기본 안구운동 세로훈련

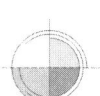

1. 시점을 중심에 둔 상태에서 상·하의 숫자를 인지하세요.
2. 시작과 동시에 좌 → 우, 우 → 좌로 이동하여 소요시간을 측정하세요.
3. 머리를 고정한 상태에서 안구를 이용하여 훈련하세요.

← 시 점 →

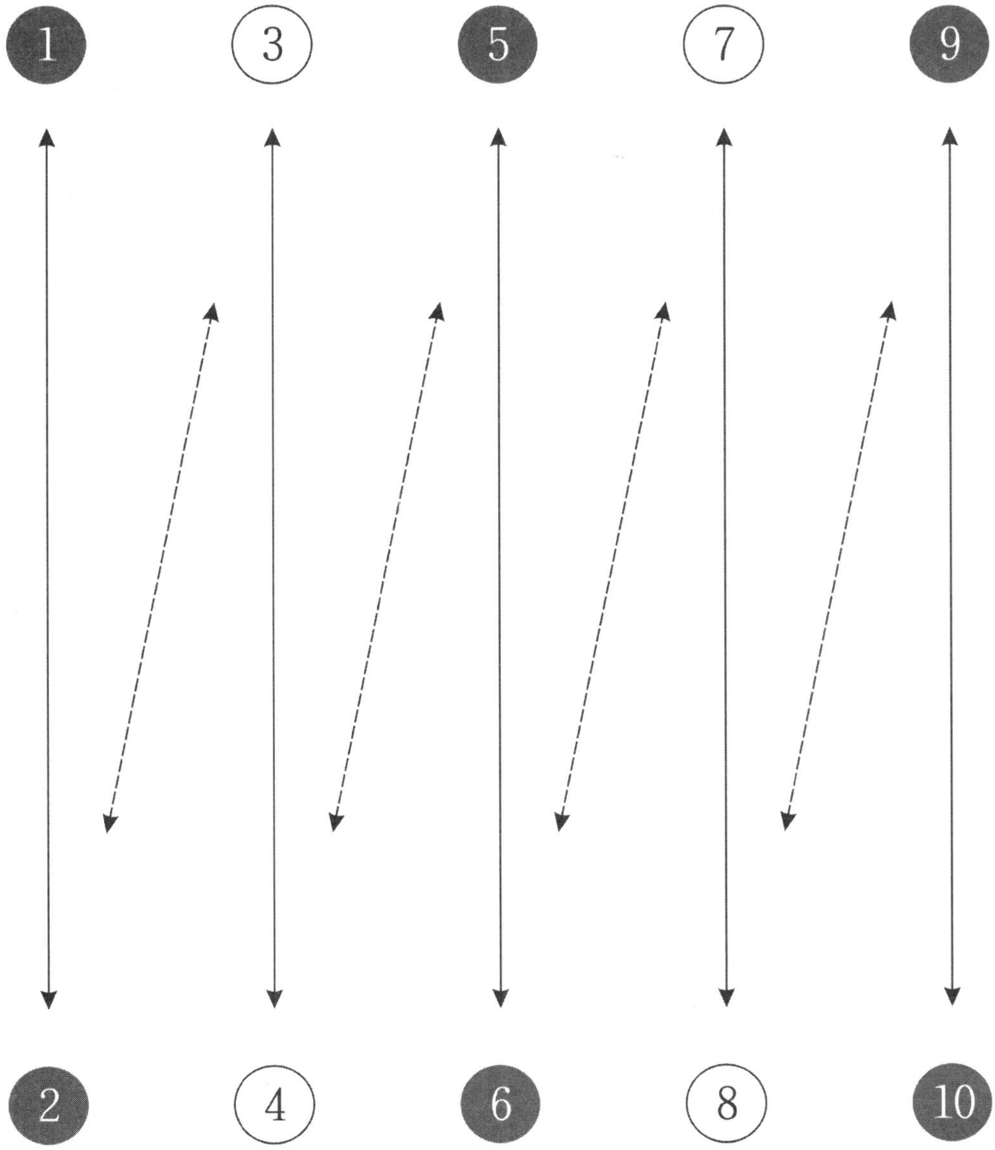

기본 안구 운동 세로 훈련 기록표

▶ 좌 → 우로 가면 1회, 다시 우 → 좌로 오면 2회가 됩니다.
▶ 시폭이 확대되도록 상·하로 빠르게 반복 훈련하세요.
▶ 시간이 단축될 수 있도록 소요시간을 꼭 기록하세요.

숫자를 인지하면서 총 5회를 15초 이내 주파하세요.

속독 스피드훈련 측정기록란

※ 매 3회 실시

[스피드측정 1]

1차 초 2차 초 3차 초

[스피드측정 2]

4차 초 5차 초 6차 초

속독 자율훈련 측정기록란

[자율훈련 1]

1차 초 2차 초 3차 초

[자율훈련 2]

4차 초 5차 초 6차 초

[자율훈련 3]

7차 초 8차 초 9차 초

기본 동그라미 기호 훈련 해설

◆ 한 줄의 기호들은 글자를 대신합니다.

◆ 한 줄의 기호는 핵심단어라고 생각합니다.

◆ 좌 · 우의 개념으로 검정 기호 두 개씩 인지합니다.

◆ 기호를 인지하면서 수직으로 빠르게 이동합니다.

◆ 훈련 1호~10호까지 연속하여 훈련합니다.

◆ 머리는 고정하고 안구를 움직여 기호를 인지합니다.

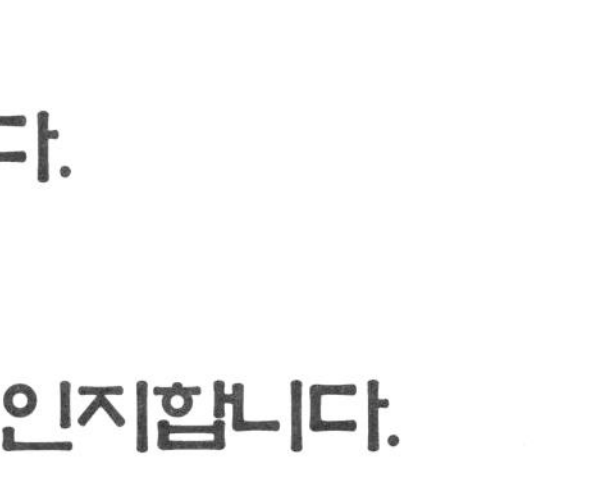

훈련 1

기본 동그라미 기호 인지훈련

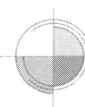

▶ 동그라미 진한 색 기호를 기본으로 빠르게 인지하면서 수직으로 이동하세요.
▶ 시점을 중심에 두고 좌·우의 개념으로 안구를 움직여서 인지하세요.
▶ 기호 인지 훈련은 1호에서 10호까지 1분 이내에 주파하여야 합니다.
▶ 훈련 1호~10호까지 소요시간을 측정하여 기록하세요.

← 시 점 →

—○— —●— —○— —○— —○— —●— —○— —○—

—●— —○— —○— —○— —○— —●— —○— —○—

—○— —●— —○— —○— —○— —○— —●— —○—

—○— —○— —○— —●— —○— —○— —○— —●—

—●— —○— —○— —○— —●— —○— —○— —○—

—○— —○— —●— —○— —○— —○— —○— —●—

—○— —●— —○— —○— —●— —○— —○— —○—

—●— —○— —○— —○— —○— —○— —●— —○—

—○— —●— —○— —○— —●— —○— —○— —○—

—○— —●— —○— —○— —○— —○— —●— —○—

훈련 2

기본 동그라미 기호 인지훈련

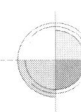

▶ 동그라미 진한 색 기호를 기본으로 빠르게 인지하면서 수직으로 이동하세요.
▶ 시점을 중심에 두고 좌·우의 개념으로 안구를 움직여서 인지하세요.
▶ 기호 인지 훈련은 1호에서 10호까지 1분 이내에 주파하여야 합니다.
▶ 훈련 1호~10호까지 소요시간을 측정하여 기록하세요.

← 시 점 →

—○— —○— —●— —○— —○— —○— —●— —○—

—○— —●— —○— —○— —○— —●— —○— —○—

—○— —●— —○— —○— —○— —○— —○— —●—

—●— —○— —○— —○— —●— —○— —○— —○—

—●— —○— —○— —○— —○— —●— —○— —○—

—○— —○— —●— —○— —○— —○— —○— —●—

—○— —●— —○— —○— —○— —●— —○— —○—

—●— —○— —○— —○— —○— —○— —●— —○—

—○— —●— —○— —○— —○— —●— —○— —○—

—○— —○— —●— —○— —○— —○— —○— —●—

훈련 3

기본 동그라미 기호 인지훈련

▶ 동그라미 진한 색 기호를 기본으로 빠르게 인지하면서 수직으로 이동하세요.
▶ 시점을 중심에 두고 좌·우의 개념으로 안구를 움직여서 인지하세요.
▶ 기호 인지 훈련은 1호에서 10호까지 1분 이내에 주파하여야 합니다.
▶ 훈련 1호~10호까지 소요시간을 측정하여 기록하세요.

← 시 점 →

—○— —●— —○— —○— —○— —○— —●— —○—

—○— —○— —●— —○— —○— —○— —○— —●—

—○— —●— —○— —○— —○— —○— —●— —○—

—○— —○— —●— —○— —○— —○— —○— —●—

—●— —○— —○— —○— —○— —●— —○— —○—

—○— —○— —●— —○— —○— —○— —○— —●—

—○— —●— —○— —○— —○— —●— —○— —○—

—●— —○— —○— —○— —○— —○— —●— —○—

—○— —●— —○— —○— —○— —●— —○— —○—

—○— —○— —●— —○— —○— —○— —●— —○—

훈련 4

기본 동그라미 기호 인지훈련

▶ 동그라미 진한 색 기호를 기본으로 빠르게 인지하면서 수직으로 이동하세요.
▶ 시점을 중심에 두고 좌·우의 개념으로 안구를 움직여서 인지하세요.
▶ 기호 인지 훈련은 1호에서 10호까지 1분 이내에 주파하여야 합니다.
▶ 훈련 1호~10호까지 소요시간을 측정하여 기록하세요.

← 시 점 →

—○— —○— —●— —○— —○— —○— —●— —○—

—●— —○— —○— —○— —○— —●— —○— —○—

—○— —○— —●— —○— —○— —○— —○— —●—

—○— —○— —●— —○— —○— —○— —○— —●—

—●— —○— —○— —○— —○——●— —○— —○—

—○— —○— —●— —○— —○— —○— —○— —●—

—○— —●— —○— —○— —○— —●— —○— —○—

—●— —○— —○— —○— —○— —○— —●— —○—

—○— —●— —○— —○— —○— —●— —○— —○—

—○— —●— —○— —○— —○— —○— —●— —○—

훈련 5

기본 동그라미 기호 인지훈련

▶ 동그라미 진한 색 기호를 기본으로 빠르게 인지하면서 수직으로 이동하세요.
▶ 시점을 중심에 두고 좌·우의 개념으로 안구를 움직여서 인지하세요.
▶ 기호 인지 훈련은 1호에서 10호까지 1분 이내에 주파하여야 합니다.
▶ 훈련 1호~10호까지 소요시간을 측정하여 기록하세요.

← 시 점 →

—○— —●— —○— —○— —○— —●— —○— —○—

—●— —○— —○— —○— —○— —○— —●— —○—

—○— —○— —●— —○— —○— —○— —○— —●—

—○— —○— —○— —●— —○— —○— —○— —●—

—●— —○— —○— —○— —○— —●— —○— —○—

—○— —○— —●— —○— —○— —○— —●— —○—

—○— —●— —○— —○— —○— —●— —○— —○—

—○— —○— —●— —○— —○— —○— —●— —○—

—○— —●— —○— —○— —○— —●— —○— —○—

—○— —○— —●— —○— —○— —○— —●— —○—

훈련 6

기본 동그라미 기호 인지훈련

▶ 동그라미 진한 색 기호를 기본으로 빠르게 인지하면서 수직으로 이동하세요.
▶ 시점을 중심에 두고 좌 · 우의 개념으로 안구를 움직여서 인지하세요.
▶ 기호 인지 훈련은 1호에서 10호까지 1분 이내에 주파하여야 합니다.
▶ 훈련 1호~10호까지 소요시간을 측정하여 기록하세요.

← 시 점 →

—●— —○— —○— —○— —○— —●— —○— —○—

—○— —●— —○— —○— —○— —○— —●— —○—

—○— —○— —●— —○— —○— —○— —●— —○—

—○— —●— —○— —○— —○— —○— —●— —○—

—●— —○— —○— —○— —○— —●— —○— —○—

—○— —○— —●— —○— —○— —○— —○— —●—

—○— —●— —○— —○— —○— —●— —○— —○—

—●— —○— —○— —○— —○— —○— —●— —○—

—○— —●— —○— —○— —○— —●— —○— —○—

—○— —●— —○— —○— —○— —○— —○— —●—

훈련 7

기본 동그라미 기호 인지훈련

▶ 동그라미 진한 색 기호를 기본으로 빠르게 인지하면서 수직으로 이동하세요.
▶ 시점을 중심에 두고 좌·우의 개념으로 안구를 움직여서 인지하세요.
▶ 기호 인지 훈련은 1호에서 10호까지 1분 이내에 주파하여야 합니다.
▶ 훈련 1호~10호까지 소요시간을 측정하여 기록하세요.

← 시 점 →

—○— —○— —●— —○— —○— —○— —●— —○—

—●— —○— —○— —○— —○— —○— —●— —○—

—○— —○— —●— —○— —○— —○— —○— —●—

—○— —○— —○— —●— —○— —○— —○— —●—

—●— —○— —○— —○— —●— —○— —○— —○—

—○— —○— —●— —○— —○— —○— —○— —●—

—○— —●— —○— —○— —○— —●— —○— —○—

—●— —○— —○— —○— —○— —○— —●— —○—

—○— —○— —●— —○— —○— —○— —○— —●—

—○— —●— —○— —○— —○— —○— —●— —○—

훈련 8

기본 동그라미 기호 인지훈련

▶ 동그라미 진한 색 기호를 기본으로 빠르게 인지하면서 수직으로 이동하세요.
▶ 시점을 중심에 두고 좌 · 우의 개념으로 안구를 움직여서 인지하세요.
▶ 기호 인지 훈련은 1호에서 10호까지 1분 이내에 주파하여야 합니다.
▶ 훈련 1호~10호까지 소요시간을 측정하여 기록하세요.

← 시 점 →

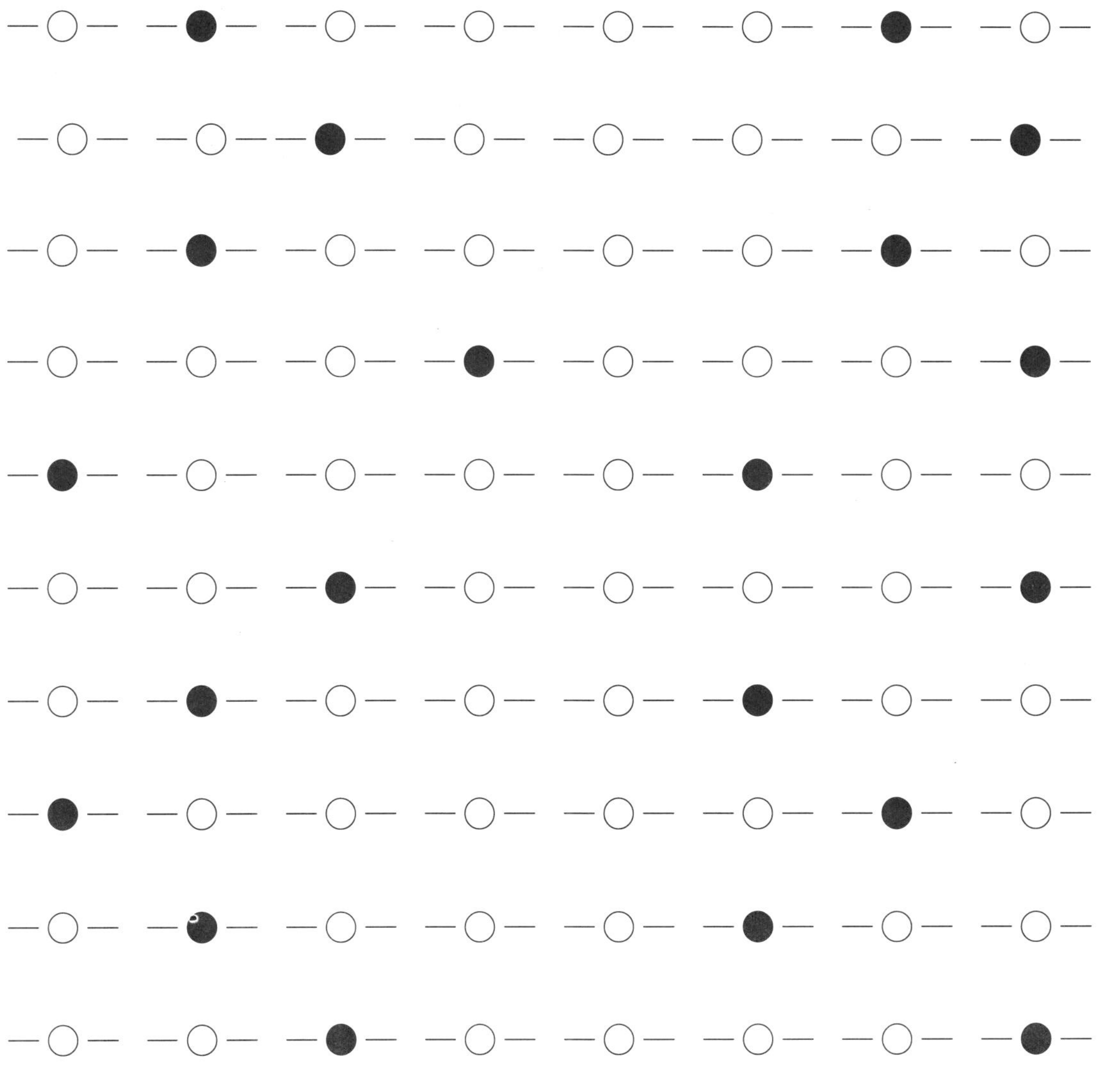

훈련 9

기본 동그라미 기호 인지훈련

▶ 동그라미 진한 색 기호를 기본으로 빠르게 인지하면서 수직으로 이동하세요.
▶ 시점을 중심에 두고 좌·우의 개념으로 안구를 움직여서 인지하세요.
▶ 기호 인지 훈련은 1호에서 10호까지 1분 이내에 주파하여야 합니다.
▶ 훈련 1호~10호까지 소요시간을 측정하여 기록하세요.

← 시 점 →

—○— —○— —●— —○— —○— —○— —●— —○—

—●— —○— —○— —○— —○— —●— —○— —○—

—○— —●— —○— —○— —○— —○— —●— —○—

—○— —○— —○— —●— —○— —○— —○— —●—

—●— —○— —○— —○— —●— —○— —○— —○—

—○— —○— —●— —○— —○— —○— —○— —●—

—○— —●— —○— —○——○— —●— —○— —○—

—●— —○— —○— —○— —○— —○— —●— —○—

—○— —●— —○— —○— —○— —●— —○— —○—

—○— —○— —●— —○— —○— —○— —●— —○—

훈련 10

기본 동그라미 기호 인지훈련

▶ 동그라미 진한 색 기호를 기본으로 빠르게 인지하면서 수직으로 이동하세요.
▶ 시점을 중심에 두고 좌·우의 개념으로 안구를 움직여서 인지하세요.
▶ 기호 인지 훈련은 1호에서 10호까지 1분 이내에 주파하여야 합니다.
▶ 훈련 1호~10호까지 소요시간을 측정하여 기록하세요.

← 시 점 →

—○— —●— —○— —○— —○— —○— —●— —○—

—●— —○— —○— —○— —○— —○— —●— —○—

—○— —○— —●— —○— —○— —○— —○— —●—

—○— —●— —○— —○— —○— —○— —○— —●—

—●— —○— —○— —○— —○— —●— —○— —○—

—○— —○— —●— —○— —○— —○— —○— —●—

—○— —●— —○— —○— —●— —○— —○— —○—

—○— —○— —●— —○— —○— —○— —●— —○—

—●— —○— —○— —○— —●— —○— —○— —○—

—○— —●— —○— —○— —○— —○— —●— —○—

기호훈련 1~10호까지

기본 동그라미 기호 인지훈련 기록표

▶ 시간이 단축될 수 있도록 소요시간을 꼭 기록하세요.
▶ 실력이 향상되도록 중심기호를 반복 훈련하세요.

속독 스피드훈련 측정기록란

※ 매 3회 실시

[스피드측정 1]

1차 초	2차 초	3차 초

[스피드측정 2]

4차 초	5차 초	6차 초

속독 자율훈련 측정기록란

[자율훈련 1]

1차 초	2차 초	3차 초

[자율훈련 2]

4차 초	5차 초	6차 초

[자율훈련 3]

7차 초	8차 초	9차 초

글자 인지 트레이닝 훈련 해설

◆ 시점을 중심으로 머리는 움직이지 않습니다.

◆ 한 줄의 글자를 좌 · 우의 개념으로 순간 인지합니다.

◆ 안구를 움직여 빠르게 이동합니다.

◆ 눈으로 보는 순간 낱말을 이해하면서 수직으로 이동합니다.

◆ 트레이닝 훈련 1호~10호까지 소요시간을 측정합니다.

◆ 시간이 단축될 수 있도록 매회 소요시간을 기록합니다.

트레이닝 훈련 1

기본글자 단어인지

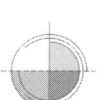

▶ 기본 글자단어를 스캐닝 기법으로 빠르게 인지하면서 수직으로 이동하세요.
▶ 스캐닝 훈련은 1호~10호까지 1분 이내에 주파하여야 합니다.
▶ 글자단어 인지훈련은 1호~10호까지의 소요시간을 측정 기록하세요.

견우와 직녀

← 시 점 →

— 하 늘 나 라 — -------— 임 금 — ------— 외 동 딸 — ---

-----— 예 쁘 고 — --------— 마 음 씨 — -------

--— 직 녀 — ---------

------— 베 를 짜 며 — ---------— 지 냈 — ----

---— 임 금 은 — ---------— 칭 찬 — ----

-------— 이 제 는 — -----------— 시 집 을 — ---

--— 얼 굴 이 — ----------— 홍 당 무 처 럼 — ------

-------— 임 금 은 — ------------— 사 위 가 — -

---— 남 자 를 — -----------— 찾 기 — -------

-------— 견 우 라 는 — ---------— 소 를 모 는 — -

트레이닝 훈련 2

기본글자 단어인지

▶ 기본 글자단어를 스캐닝 기법으로 빠르게 인지하면서 수직으로 이동하세요.
▶ 스캐닝 훈련은 1호~10호까지 1분 이내에 주파하여야 합니다.
▶ 글자단어 인지훈련은 1호~10호까지의 소요시간을 측정 기록하세요.

← 시 점 →

----— 사 람 이 란 — -----------— 뜻 — ------

--— 어 릴 때 — --------— 소 를 — ---

-------— 견 우 와 — ---------— 결 혼 식 을 — --

---— 임 금 은 — --------— 외 동 딸 과 — --------

-------— 함 께 — ----

---— 임 금 의 — -------------— 뜻 대 로 — -----

-------— 대 궐 에 서 — --------— 살 았 — --

--— 직 녀 가 베 를 — ------— 견 우 가 소 를 — -----

-----— 날 씨 가 좋 은 — -------— 방 에 서 베 만 — -

--— 어 서 나 와 — --------— 소 를 타 고 — -------

트레이닝 훈련 3

기본글자 단어인지

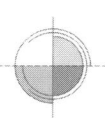

▶ 기본 글자단어를 스캐닝 기법으로 빠르게 인지하면서 수직으로 이동하세요.
▶ 스캐닝 훈련은 1호 ~ 10호까지 1분 이내에 주파하여야 합니다.
▶ 글자단어 인지훈련은 1호 ~ 10호까지의 소요시간을 측정 기록하세요.

← 시 점 →

---— 아 버 님 한 테 — ----------— 꾸 중 — -----

--— 베 틀 에 서 — ------— 떨 어 지 지 — -----

-----— 견 우 가 재 촉 — --------— 할 수 없 이 — --

--— 밖 으 로 — ---

---— 방 에 — ------— 후 회 할 — -------— 날 씨 가 — -

------— 직 녀 를 번 쩍 — ------— 소 의 등 에 — ---

--— 소 를 몰 고 — -------------— 꽃 밭 으 로 — ---

-----— 저 꽃 은 — ------— 아 름 다 울 까 — --

---— 냄 새 를 — -----— 향 기 가 — ----— 매 우 — -----

------— 아 주 좋 아 — --

트레이닝 훈련 4

기본글자 단어인지

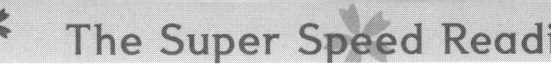

▶ 기본 글자단어를 스캐닝 기법으로 빠르게 인지하면서 수직으로 이동하세요.
▶ 스캐닝 훈련은 1호 ~ 10호까지 1분 이내에 주파하여야 합니다.
▶ 글자단어 인지훈련은 1호 ~ 10호까지의 소요시간을 측정 기록하세요.

← 시 점 →

---— 이 튿 날 에 도 —---------— 견 우 와 소 를 —--

-------— 꽃 밭 으 로 —------

--— 임 금 이 직 녀 를 —---------— 불 러 —-------

----— 베 는 짜 지 —--------------— 놀 기 만 —--

--— 오 늘 은 —--------— 꼭 —-----— 한 필 을 —---

-----— 직 녀 는 —-----------— 방 으 로 —---

---— 들 어 가 —-------

--------— 베 를 짜 기 —---------— 하 였 —-

---— 일 이 손 에 —---------— 밖 에 나 가 —----

-------— 자 꾸 만 손 이 —---------— 멈 추 어 —-

트레이닝 훈련 5

기본글자 단어인지

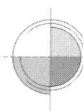

▶ 기본 글자단어를 스캐닝 기법으로 빠르게 인지하면서 수직으로 이동하세요.
▶ 스캐닝 훈련은 1호 ~ 10호까지 1분 이내에 주파하여야 합니다.
▶ 글자단어 인지훈련은 1호 ~ 10호까지의 소요시간을 측정 기록하세요.

← 시 점 →

-----— 밖 에 서 는 — ---------— 견 우 가 — -----

--— 직 녀 를 — ---------— 불 렀 — ---

— 오 늘 은 — -----— 한 필 을 — -------— 아 버 님 이 — --

----— 분 부 하 셨 — --

-------— 잠 깐 만 — ----------— 나 와 — ----

---— 꽃 밭 에 — -------— 벌 — -------— 나 비 가 — -

-------— 구 경 하 다 — -------— 벌 써 시 간 이 — --

--— 해 가 다 — ---------— 내 일 짜 구 려 — -------

------— 다 음 날 도 — -------— 하 루 종 일 — ----

---— 대 궐 — ---------— 안 팎 을 — ------

트레이닝 훈련 6

기본글자 단어인지

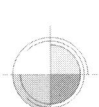

▶ 기본 글자단어를 스캐닝 기법으로 빠르게 인지하면서 수직으로 이동하세요.
▶ 스캐닝 훈련은 1호~10호까지 1분 이내에 주파하여야 합니다.
▶ 글자단어 인지훈련은 1호~10호까지의 소요시간을 측정 기록하세요.

← 시 점 →

-- 저 녁 때 — ------ 임 금 님 이 — ------ 불 렀 — --

-- 베 를 짜 — -------------- 놓 았 — --

------ 대 답 이 — -----

-- 내 일 — ----------- 꼭 — ----------

------ 죄 송 — ---------------

-- 임 금 님 은 — -------------- 직 녀 — ----

— 다 음 날 — -------- 베 틀 에 — ---------

------- 정 신 은 — ---------- 밖 으 로 — ---

----- 꽃 밭 — ------ 견 우 가 — ----------

--------- 손 짓 — ---------- 했 습 — ---

트레이닝 훈련 7

기본글자 단어인지

▶ 기본 글자단어를 스캐닝 기법으로 빠르게 인지하면서 수직으로 이동하세요.
▶ 스캐닝 훈련은 1호~10호까지 1분 이내에 주파하여야 합니다.
▶ 글자단어 인지훈련은 1호~10호까지의 소요시간을 측정 기록하세요.

← 시 점 →

----— 직 녀 는 — ----------— 그 곳 — ------

--------— 견 우 의 — ----------— 안 겨 — --

---— 잠 이 들 어 — -------

---— 꿈 속 을 — ----------— 눈 을 떠 — ----

---------— 점 심 때 가 — ---------— 훨 씬 — --

---— 직 녀 는 화 들 짝 — ---------— 방 으 로 — ----

---— 뛰 어 — --------

— 거 기 에 — ---------— 임 금 님 이 — ---------

-----— 베 짜 던 — ----------— 솜 씨 는 — ----

--— 어 디 가 고 — --------— 모 양 — ---------

트레이닝 훈련 8

기본글자 단어인지

▶ 기본 글자단어를 스캐닝 기법으로 빠르게 인지하면서 수직으로 이동하세요.
▶ 스캐닝 훈련은 1호 ~ 10호까지 1분 이내에 주파하여야 합니다.
▶ 글자단어 인지훈련은 1호 ~ 10호까지의 소요시간을 측정 기록하세요.

← 시 점 →

---- 화 가 잔 뜩 ---------- 나 있 었 ------

— 임 금 님 은 ------- 견 우 -------- 불 러 ----

----- 너 의 둘 ------------ 벌 을 ----

— 견 우 는 동 쪽 ----------- 직 녀 는 서 쪽 ----

--- 각 각 ------ 살 도 록 ------

------- 견 우 와 직 녀 ---------- 1년 에 —

— 한 차 례 씩 ------------- 은 하 수 를 -----

--- 강 에 서 만 ----------- 볼 수 --------

---- 만 나 는 날 은 -------- 칠 월 칠 석 ------

-— 두 사 람 은 ------ 각 각 ------ 은 하 수 --

트레이닝 훈련 9

기본글자 단어인지

▶ 기본 글자단어를 스캐닝 기법으로 빠르게 인지하면서 수직으로 이동하세요.
▶ 스캐닝 훈련은 1호~10호까지 1분 이내에 주파하여야 합니다.
▶ 글자단어 인지훈련은 1호~10호까지의 소요시간을 측정 기록하세요.

← 시 점 →

-----—가 까 이—-----------—볼 줄—---

—은 하 수 의 강—-----—건 너—-------—없 었 던—--

---—얼 굴 만—-----------—바 라 볼 뿐—----

--—견 우 와 직 녀 는—----------—애 타 게—----

---—강 을 사 이 에—-----—눈 물 을—---

-------—눈 물 은—----------—강 물 에—--

--—인 간 이 사 는—------—떨 어 졌—-----

------—그 비 가—-----------—홍 수 가 난—--

---—은 하 수 에—------—다 리 를—-------—놓 아—

--—까 치 와 까 마 귀—---------—부 탁—-------

트레이닝 훈련 10

기본글자 단어인지

▶ 기본 글자단어를 스캐닝 기법으로 빠르게 인지하면서 수직으로 이동하세요.
▶ 스캐닝 훈련은 1호 ~ 10호까지 1분 이내에 주파하여야 합니다.
▶ 글자단어 인지훈련은 1호 ~ 10호까지의 소요시간을 측정 기록하세요.

← 시 점 →

— 견우와 직녀가— ------ 만날 수— ----- 다리— --

--— 까치와 까마귀는— -------- 날개를— ----

-— 줄지어— ------- 다리를 놓아— ---

----— 견우와 직녀는— --------- 그 다리를— -

-— 서로 만나— ---

— 견우와 직녀는— - ---— 1년— ----- 다시— ----

----— 만날— --------- 약속— ----

-— 은하수에— ------- 까치와 까마귀들이— ----

— 놓은 다리는— ----------- 오작교— ------

-— 세상에는— ----- 홍수가— ------ 않았— ---

기본글자 단어인지 트레이닝 훈련 기록표

▶ 시간이 단축될 수 있도록 소요시간을 꼭 기록하세요.
▶ 실력이 향상되도록 같은 내용을 반복 훈련하세요.

견우와 직녀

속독 스피드훈련 측정기록란

※ 매 3회 실시

[스피드측정 1]

1차 초	2차 초	3차 초

[스피드측정 2]

4차 초	5차 초	6차 초

속독 자율훈련 측정기록란

[자율훈련 1]

1차 초	2차 초	3차 초

[자율훈련 2]

4차 초	5차 초	6차 초

[자율훈련 3]

7차 초	8차 초	9차 초

속독을 위한 중심 낱말 스킵 훈련 해설

1. 속독으로 책을 읽으려면 한 줄의 중심이 되는 낱말을 인지합니다.

2. 중심이 되는 낱말을 주축으로 인지하되 한줄의 글자 내용을 이해하면서 빠르게 아래로 이동합니다.

3. 앞으로 전개될 내용을,미리 감지하면서 이어 달리세요.

4. 눈의 흐름은 부드러우면서 빠르게 안구를 이동해 나갑니다.

5. 시점은 한 줄의 중심으로부터 최대한 좌 · 우로 넓게 보아야 합니다.

6. 중심 낱말들을 한눈에 인지하고 이해하여야 합니다.

7. 여러 번 반복적으로 훈련하여 소요시간을 단축합니다.

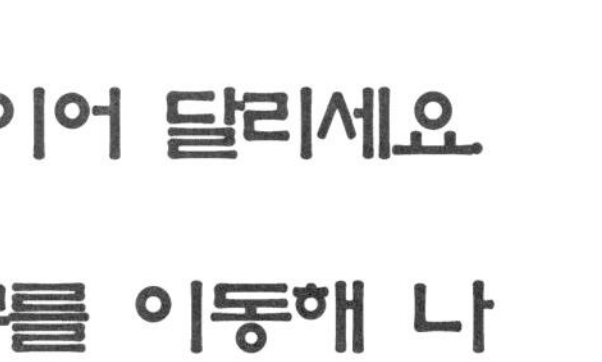

1차 스킵훈련 1

속독을 위한 중심낱말 인지 훈련

나비로 변신한 초록벌레

애벌레는 · · · · · · · · · · · · · · · · 번데기로 · · · · · · · · ·

· · · · · 나비로 변신 · · ·

· · · 애벌레는 · · · · · · · 4차례 · · · · · · · · · · · · · · ·

탈피 · · · · · · · · · · · ·

잠은 24시간 · · · · · · · · 번데기 · · · · · · · · · · · ·

1령, 2령, 3령, 4령 · · · · · · · · · 기간을 6일 · · · · ·

· · · 알, 애벌레, 번데기 · · · · · · · · · · · 곤충 · · ·

· · · · 나비 · · · · · · 우화 · · · · · · · · · ·

· · 잎사귀 위를 · · · · · · · · · 애벌레 · · · · · · · · · · ·

· · · · · · · · · · · · · ·

· · · · · · ·

· · · · · · · 책을 보다 · · · · · · · · · · · · · · 질문 · · ·

문화센터 · · · · · · · · · · · · · · 짱이 엄마 · · · · · · · · · · ·

그린 그림 · · · · · · · · · · 이야기를 · · · · · · · · ·

· · · 목소리 · · · · · · · · · · · · · · · 이야기를 · · · · ·

달빛 · · · · · · · · · 고요한 밤 · · ·

· · · 나뭇가지 · · · · · · · · · · 나뭇잎 뒤 · · · · · · · ·

알 하나 · · · · · · · ·

1차 스킵훈련 1

속독을 위한 중심낱말 인지 훈련

· · · 작고 · · · · · · · · · 보석처럼 · · · ·

· · · · · · · · 밤은 · · · · · · · 아침 · · · · ·

· · · · · · · 해님이 방긋 · · · · · · · · · · · · · · ·

· · · 일요일 · · · · · ·

일주일 · · · · · · · 시작 · ·

달력 · · · · · · · · 빨간 숫자 · · · · · ·

· · · · ·

· · · · · · 쉬고 · · · · · · · · · · · · · · · 공부하고 · · ·

일터 · · · · · · · 한 주일을 · · · · · · · · · ·

· · · · 붙어있던 · · 알이 · · · · · ·

· · · · · · · 애벌레가 · · · 나왔어요.

· · · · · · · 초록색 · · ·

· · · 월요일 · · ·

· · · · · · · 배가 · · · · · 눈을 · · · · · · · · · · · · ·

· · · · · · · · 먹을 것을 · · · · · · · ·

· · · · · 사과 · · · · · · · · · ·

· · · · · · · · · · 잘 익은 · · · · ·

· · · · ·

· · · · · · · 애벌레는 · · · · · · · 한 개를 · · · · · · ·

사과 · · · · · · · · · · 하루가 · · · · ·

1차 스킵훈련 1

속독을 위한 중심낱말 인지 훈련

월요일은 · · · · · · · · · 시간이 · · · · · · · · ·

· · · · · · · 화요일 · ·

오늘은 · · · · · · · · · · 먹을까

· · · · · · · 생각 · · · ·

· · ·

· · · · 복숭아 · · · · · ·

· · · 달콤한 · · · · 먹기로 · · · ·

· · · · · · 애벌레는 · · · · 복숭아 두 개 · · · · · · · · · ·

복숭아 · · · · · · · · · · · · · 순식간에 두 개 · · · · · · · · · ·

애벌레는 · · · · · · · · · · · 또 배가 · · · ·

· · · 더 맛있는 · · · · ·

3일째 · · 수요일 · · · · ·

· · · · 무엇을 · · · 고민하기 · · · · ·

· · · · · · · · 빨간 딸기 · · ·

· · · · 딸기밭 · · · · · · 기어가기 · · · · ·

· · · · 도착하여 · · · · · · · · · 제일 크고 · · · · · · · · · ·

· · · 먹기 · · · ·

· · · 맛있게 먹고 · · · · · · · · · · · · · 배가 몹시 · · · ·

· · 하루해가 · · · · 어둠이 · · · · · · · · · ·

· · · · · 목이 터져라 · · · ·

1차 스킵훈련 1

속독을 위한 중심낱말 인지 훈련

· · · · · · · · · · · 목구멍으로 · · · · · · 과일을 · · · ·

부드러우면서 · · · 바나나가 · · ·

애벌레는 · · · · · · · · · · · · · 돌아다녔 · ·

· · · · · 네 꼭지가 · · · · · · · 발견하였 · ·

· 찾았다 · · · · · · · ·

· · · · 바나나를 · · · · · · · · · · · · · · · · 통째로 · ·

· · · · · · · · · ·

노랗게 · · · · · · · · · 꿀맛 · · · ·

· · · · · · 바나나 네 개를 · · · · · · · · · · · · 배가 고팠 · ·

· · · 배고파 · · · · · · · 잠자리에 · · · ·

· · · 금요일 · ·

· · · · · · · · · · 또 걱정 · · · · ·

· · · 무엇을 · · ·

맛있는 · · · · 뭐가 · · ·

· · · · · · · · · · · · · · 시원하고 · · · · · 달콤한 배를 · · ·

· · · · ·

· · · · · · · 많이 · · · ·

배가 많이 · · · · · · · · · 올라가자

가장 크고 · · · · · · · · · · · · · 한 개를 더 · · · ·

· · · · · · ·

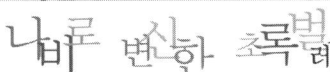

1차 스킵훈련 1

속독을 위한 중심낱말 인지 훈련

애벌레는 · · · · · · · · · · · · · 꿀물이 줄줄 · · · · · · · · · · · ·

다섯 개의 · · · · · · · · · · · · · 배가 고팠 · ·

· · · · · 먹보인가 · ·

· · · · · · · · · · ·

· · · 온종일 · · · · · · · · · · 헛되게 · · · · ·

· · · 일찍 자고 · 많이 · · · · · ·

토요일의 · · · · · · · · · ·

· · · · · · · 7시에 · · · · · · ·

· · 배고파 · · · · · 혼잣말을 · · · ·

· · · · · · · · · 일찍 · · · · · ·

· · · 토요일인데 · · · · · · ·

· · · · 또 생각 · · · ·

오늘은 · · · · · · 골고루 · · · ·

· 아몬드 · · · 밀크 · · · 레몬 · · ·

· · · 딸기 아이스크림 · · · · · · · · · 호두 · · · · · · · · · ·

· · · · · · 팡팡 · · · · · ·

박하 · · 오렌지 · · 녹차사탕

· · · · · · · · · · · · · 오이 한 개 · 수박까지 · · · · · · ·

애벌레는 · · · · · · · · · · 배가 · · · ·

· · · · 케이크 · · · · · · · · 햄버거 · · · · · · · · ·

1차 스킵훈련 1

속독을 위한 중심낱말 인지 훈련

· · · · · · · · · · 못 먹겠지

· · · · · · · · · · · 도넛 한 개 · 시루떡 · · · · · · · · ·

계란부침 · · · · · · · ·

· · · 여러 종류의 · · · · · · · 애벌레는 · · · · · · · · ·

· · · · · 내가 너무 · · · 꼼짝도 · · · ·

애벌레는 · · · · · 움직일 수 · · · · · · · · · ·

· · · · · · · · · · 먹던 장소 · · · · · 자기 시작 · · · ·

· · · · · · · · · 일요일 · · · · · ·

애벌레는 · · · · · · · · · · · · · 움직일 수 · · · · · ·

· · · · · · · · · · · · · 또 배가 · · · ·

초록빛이 · · · · · · · 잎사귀를 · · · ·

· · · · · · · · · · 깨끗하고 · · · ·

· · · · · · · · · · 잎사귀를 · · · · · 아작아작 · · · · · ·

먹기 · · · · · · ·

· · · · · · 오늘은 · · · · · · · · · ·

· · · 다 먹고 · · · · · 배가 고프지 · · · ·

· · · · · · · · · · · 통통하게 · · · · · · · · · · 귀엽고 · · · ·

· · 애벌레가 · · · · · · · · ·

· · · · 애벌레는 · · · · · · · 작은 집 · · · · · · · · · ·

· · · · · · · 실을 뱉어 · · · · · · · · · · · 떨어지지 · · · 단단하게

1차 스킵훈련 1

속독을 위한 중심낱말 인지 훈련

· · 꽉 · · · · · · ·

· · · · 허물을 · · · · · · · ·

· · · · · · · 몸을 · · · · · · 집을 · · · ·

고치 · · · · · · 이주일 · · · · · ·

· · · · · · · 갈색으로 · · · · · · · · · · · · · 번데기 · · · · ·

붙어 · · · · · ·

· 번데기 · · · · · · · · · · · · · · 나비의 몸이 · · · · · · · · · ·

· · · · · · · · · 10일이 · · · ·

· · · · · · · 머리부터 · · · · · · · · · · · · · 예쁜 노랑 · · · ·

· · · · 변해가고 · · · ·

· · · · · · 애벌레가 · · · · · · · · 노랑나비 · · · · · ·

· · · · · · · · · ·

· · · ·

· 날개를 · · · · · · · 하늘을 훨훨 · · · ·

· · · · ·

짱이는 · · · · · · · · · · · 손뼉을 · · · 끝

최초 측정 시간	분 초

'나비로 변신한 초록벌레' 의 중심 낱말 인지 훈련을 마치고
다음 훈련은 138쪽으로 이동하세요

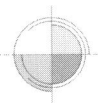

속독을 위한 중심낱말 인지 스킵훈련 기록표

▶ 시간이 단축될 수 있도록 소요시간을 꼭 기록하세요.
▶ 실력이 향상되도록 같은 내용을 반복 훈련하세요.

나비로 변신한 초록벌레

속독 스피드훈련 측정기록란

※ 매 3회 실시

[스피드측정 1]

1차 초	2차 초	3차 초

[스피드측정 2]

4차 초	5차 초	6차 초

속독 자율훈련 측정기록란

[자율훈련 1]

1차 초	2차 초	3차 초

[자율훈련 2]

4차 초	5차 초	6차 초

[자율훈련 3]

7차 초	8차 초	9차 초

1차 스킵훈련 2

속독을 위한 중심낱말 인지 훈련

미키와 미니의 소풍

오늘은 · · · · · · · · · 소풍 · · · · · · ·

· · · · · · · 쾌청 · · · · · · · · 좋은 날씨 · · ·

미키와 미니 · · · · · 이름 · · ·

· · · · · 친한 친구 · · · · · ·

· · · · · · · · 엄마가 · · · · · · · · 도시락을 · · · · · · 노래를

· · · · · · · · · 걸어가고 · · · · · ·

· · · · · 높은 하늘 · · · · · 해님이 · · · · · · · · · · · · · · · · ·

· · ·

나뭇가지 · · · · · · · · · · · · · · 노래를 · · · · ·

미키와 미니 · · · · · · · · · · · · · · · · · · 부르며 · · ·

· · · · · · ·

· · · · 마음으로 · · · · · · · · · · · · · 산 중턱 · · · · · · · · · ·

· · · · 사고 · · · · · ·

· · · 발하나를 · · · · · · · · · · · 어이쿠 · · · · · · · · · · · · ·

· · · 흙이 · · · · 무너지는 · · · · · · ·

· · · · · · · ·

· · · · · 어이쿠 머니 · · · · · · · · · · 땅속으로 · · · · · · ·

굴러 떨어지는 · · · · · · ·

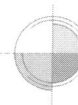

1차 스킵훈련 2

속독을 위한 중심낱말 인지 훈련

미키와 미니· · · 소리를 · · · · · · · ·

어둠 속 · · · 굴러 내려· · · · · · ·

머리에는 · · · · · · · · 혹이 생기고 · · · · · · · · · · · · ·

· · · · · 온통 · · · · · · · · 깜깜· · · · · · · ·

둘은 · · · · · · 울기 시작· · · · ·

· · · · · · · · ·

· · · 도와· · ·

밖으로 · · · · · · · ·

· · · · · · · · 엉엉 · · · · · · 소리를 · · · · ·

· · · 미키와 미니· · · · · · · · · 너구리 아저씨· · · · · · · ·

· · · · · · · · · 구멍 속· · · · · · · · · ·

생쥐 두 마리가 · · · · · · · · 나오지 못하고 · · · · · · · · · · · ·

· · · · · · · · · ·

침착하게 · · · · · · · · · 내 손을 · · ·

생쥐 둘은 · · · · · · · · · 손을 힘껏 · · · · ·

· · · · · · · · · 힘이 · · 좋았습· ·

미키와 미니· · · · · · · · · · · · 너구리 아저씨의 · · · · · · · ·

매달렸· · ·

· · · · · · · · · 한 손으로 · · · · · 한 번에 · · · · · · · ·

· · · · · · · · · · ·

1차 스킵훈련 2

속독을 위한 중심낱말 인지 훈련

아저씨 · · · · · · · · 감사합 · ·

· · · · · 인사를 · · · · · ·

너구리 아저씨 · · · · · · · · · · · · · · · · 못된 장난 · · · · · · ·

· · 중얼 · · · · · ·

사람들이 · · · · · · · · · 파놓은 · · · · ·

· · · · · · · · 다른 동물이 · · · · · · · · · · · · · · · 구멍 · 메워

· · · · · · · ·

· · · · · · · · · · · · · · · 삽을 · · · · · · · · · · · 메우기

· · · · · · · · ·

· · · · · · · · · 흙을 · · · · · · 메워나갔 · · ·

· · · · · · · · · 반 정도 메웠 · · · · · ·

· · · · · · · · · · 구멍 속에서 · · · · · · · 불쑥 · · · · · · · · · · ·

깜짝 놀란 · · · · · · · · · 너는 누구냐 · · · · · · · · · · · ·

· · 두더지이어요 · · · · · · · · · · · · 묻어버리면 · · · · ·

· · · · · · · ·

· · · · · · · · · · · · · · 깨달았 · · ·

짐승들을 · · · · · · · · · · · · · · · · · · · 두더지의 집 · · · · · · · ·

너구리 아저씨 · · · · · · · · 미안하다 · · · · · · · · · · · · · · · · · ·

· · · · · · · · · · · · · 곰곰이 생각 · · · · ·

· · 좋은 수가 · · · · · · · · · · · · · · 생각이 · · · · ·

1차 스킵훈련 2

속독을 위한 중심낱말 인지 훈련

· · · · · 미키와 미니 · · · · · · · 묻자

· · · · · · · 간판을 · · · · · · ·

두더지네 집 · · · · 간판 · · · ·

· · · · · · 세워 놓으면 · · · · · · 이곳으로 · · · · · · · · · ·

· · ·

미키와 미니는 · · · · · · · · · · · · · · · 만들기로 · · · · · ·

널판과 막대 · · · · · · · · · · · · · · · · · 집 간판을 · · · ·

만들었 · · ·

· · · · · · · 간판 위에 · · · · · · · · · · · · · · 글을 썼 · · · · ·

· · · 두더지네 집 · · · · · · · 글씨를 · · · · · · · · · ·

· · · 마음씨 착한 · · · · · · · · · · · · · 안심하고 · · · · · ·

떠날 수 · · · · · · ·

미키와 미니 · · · · · · · · · · · · · · 인사를 · · · · · · · · · ·

즐거운 마음 · · · · · · · · · · · · · · 소풍을 · · · · · · 끝

최초 측정 시간	분 초

'미니와 미키의 소풍' 중심 낱말 인지 훈련을 마치고
다음 훈련은 150쪽으로 이동하세요

속독을 위한 중심낱말 인지 스킵훈련 기록표

▶ 시간이 단축될 수 있도록 소요시간을 꼭 기록하세요.
▶ 실력이 향상되도록 같은 내용을 반복 훈련하세요.

미키와 미니의 소풍

속독 스피드훈련 측정기록란

※ 매 3회 실시

[스피드측정 1]

1차 초 | 2차 초 | 3차 초

[스피드측정 2]

4차 초 | 5차 초 | 6차 초

속독 자율훈련 측정기록란

[자율훈련 1]

1차 초 | 2차 초 | 3차 초

[자율훈련 2]

4차 초 | 5차 초 | 6차 초

[자율훈련 3]

7차 초 | 8차 초 | 9차 초

1차 스킵훈련 3

속독을 위한 중심낱말 인지 훈련

하마는 왕따

아프리카· · · · 하마· · · · · · · 물속에서 · · · · · ·

· · · · · 물에서 · · · · · 풀을 뜯어 · · · · · · · · · · · ·

· · · 물에 들어가지 · · · · · · · · · · · · · · · · · · 붉은색· · · · · ·

· · · · ·

· · · 4~5분씩 물속에 · · · · · · · · · · ·

· · · · · · · · · · 여름날· · · ·

꼬마하마· · · · · · · · · · · 누구하고 · · · · 생각하며 · · · · · · ·

· · · 돌아다니고 · · · · ·

· · · · · 달리기· · · · · 꼬마사자를 · · · · ·

하마는 사자에게 · · · · · · · · · · · · · 놀자

난 싫어 · · · · · 뚱뚱해서 · · · · · · · · ·

· · 같이 · · · · · · 뛰어다녀야 · · · 넌 너무 느려

못 놀아 · · · · · · · · · · · · · · · · · 거절하였습니다

꼬마하마는 · · · · · · 다른 친구를 · · · · · · ·

· · · · · 숨바꼭질· · · · · · · · · 찾아갔습니다

· · · · · · 기린에게 · · · · · · · · · · · · 놀자

기린은 · · · · · · · · · · · · ·

· · · 뚱뚱해서 싫어 · · · · · 숨어도 · · · · ·

1차 스킵훈련 3

속독을 위한 중심낱말 인지 훈련

술래가 · · · · · 찾을 수 있어서 · · · · · · ·

· · · 꼬마하마와 · · · · · 싫어했습니다

꼬마하마 · · · · · · · · · 찾아 · · · · 돌아다녔습니다

· · · · · · 친구를 · · · · · · · · · 원숭이를 · · · · ·

· · · · · · 원숭이에게 · · · · · · · · · · · · 우리같이 · · · · · ·

말을 · · · · · ·

· · · · · · 뚱뚱보야

· · · · · · · · · 나무 위로 · · · · · · · · · · · · · · · 뚱뚱 · ·

나무가 부러질 · ·

· · · 원숭이도 · · · · · · · 싫어했습니다

· · · · · · · 아무도 · · · · 않았습니다

· · · 꼬마하마를 외면하고 · · · · · · 동물친구들이 · · · · · · · · ·

물놀이를 · · · · · · · · · · ·

· · · · · · · · · · 달리기를 · · · · · · · · · · 연못으로 · · · · · ·

· · · · 물이 · · · · · · · · ·

· · · · · 꼬마원숭이 · · · · · · · · · · 조금밖에 · · · · · · · · ·

· · · · · · ·

· · · · 기린도 · · · · · · · · · · · · · · · · · · 조금밖에 · ·

· · 물이 없어서 · · · · · 할 수가 · · · · · ·

· · · · · · · · · 더웠습니다

1차 스킵훈련 3

속독을 위한 중심낱말 인지 훈련

· · · · · · ·

· · · · · · · · · 꼬마하마가 · · · · · · · 뛰어 들어갔습니다

· · · · · 연못으로 · · · · · · · 물이 · · · · · · · · · · ·

· · · · · 물속에서 · · · · · · · · 말을 했습니다

애들아 · · · · · · · · · 물놀이하자

· ·

하마야 고마워

꼬마사자 · · 원숭이가 · · · · · · · · · · · · 기린도 · · · · · · ·

· · · · · · ·

물속은 · · · · · · · · · ·

· · 하마 덕분에 · · · · · · · · · · · · 재미있게 놀았습니다

· · · · · · · · · 꼬마하마에게 · · · · · · · · · · · · ·

사이좋게 · 지냈습니다 끝

최초 측정 시간	분	초

'하마는 왕따'의 중심 낱말 인지 훈련을 마치고
다음 훈련은 158쪽으로 이동하세요

속독을 위한 중심낱말 인지 스킵훈련 기록표

▶ 시간이 단축될 수 있도록 소요시간을 꼭 기록하세요.
▶ 실력이 향상되도록 같은 내용을 반복 훈련하세요.

하만 왕따

속독 스피드훈련 측정기록란

※ 매 3회 실시

[스피드측정 1]

1차 초	2차 초	3차 초

[스피드측정 2]

4차 초	5차 초	6차 초

속독 자율훈련 측정기록란

[자율훈련 1]

1차 초	2차 초	3차 초

[자율훈련 2]

4차 초	5차 초	6차 초

[자율훈련 3]

7차 초	8차 초	9차 초

1차 스킵훈련 4

속독을 위한 중심낱말 인지 훈련

이슬이네 꽃밭

이슬이네 · · · · · · · 예쁜 꽃밭이 · · · · · · ·

· · · · · 꽃밭에 · · · · · · · · · 뿌려지는 · · · · ·

· · · · · · ·

· · · · · · · 아 해님 · · ·

· · · · · 아침 햇살 · · · · · · · · · · · · · · 민들레 · · · · · ·

· · 노란 꽃잎이 · · · · · · · · 펼쳐졌습니다

· · · · · 주황나비 한 마리가 · · · · · · · · · · · · · 깨우고 · · · ·

· · · 어서 일어나 · · · 봄이 · ·

주황나비 · · · · · · · · · · · 옮겨 · · · · · · · · · · 깨웠습니다 · · · · · ·

민들레와 제비꽃이 · · · ·

· · · · · · · · · · · 꽃밭 위를 · · 날아다닙니다

꽃들도 · · · · 인사를 · · ·

주황나비야 · · · · · · · · · · · 만나서 반갑구나

· · · · · 꽃밭에는 · · · · · · · 많이 피었 · · ·

· · · · · · · · 아름다운 · · · · · · ·

· · · · · 느티나무 · · · · · · · · · · · · · · 연둣빛 새잎을 · · · ·

· · · · · · · · · · 까르르 · · · · · ·

모두 · · · · · · · · · · · 재미있는 이야기를 · · · · · · · · · · ·

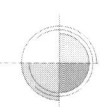

1차 스킵훈련 4

속독을 위한 중심낱말 인지 훈련

이슬이는 학교에 다녀오는 길 · · · ·

· · · · · · · · · · · · 집 담 밑에 · · · · · · · · · · · · 꽃들 · · ·

· · ·

· · · 쳐다보고 있다가 · · · · · · · · · · · 분홍꽃 한 송이 ·

· · · · · · · · · ·

· · 아파요

분홍꽃 · · · · · · · 소리를 질렀습니다

· · · · · · · · · 작은 애벌레도 · · · · · · · · 꽃잎을 꽉 · · · · · ·

· · · 갑작스럽게 · · · · · 어쩔 수가 없습니다

· · · · · · 여러 꽃도 · · · · · · · · 쳐다 · · · · · · ·

· · · 이슬이는 · · · · · · · · 가방을 · · · · · · · · · · · ·

동화책을 읽기 · · · · · · ·

· · · · · 동화책을 읽다가 · · · · · · · 햇살 탓인지 잠이 · · · · · ·

· · · 꿈을 꾸기 · · · · · · ·

· · · · · ·

· · · 허리를 · · · ·

· · · · · · · · · · ·

작은애벌레 · · · · · · · · · · ·

· · · 나 물 좀 줄래

· · · · · · · · · · · · 시들어가고 있어 · · ·

1차 스킵훈련 4

속독을 위한 중심낱말 인지 훈련

· · · 분홍 꽃이 · · · · · ·

· · · · · · · · · · · · · · · · · · · 울면서 애원했습니다

· · · · 무서웠습니다 · · · · · · · · · · 울음소리에 · · · · · · · · ·

꽃밭으로 달려갔어요

· · · · 시들어 · 묻어주고 물통에

· · · · · · · · · · 물을 · · · · · · 뿌려주었습니다

· · · · · · · · 잘못을 · · · · · · ·

· · · 미안해 · · · · · · ·

· · · · · · · · 괴롭히지 · · ·

이슬이 · · · · · · · · · · · · · · · · 사과를 했습니다

· · · · · · · · · · · 싱싱한 파란 잎에 · · · · · 놓았 · · ·

· · · · · · · · · · 다른 꽃과 애벌레 · · · 나비와 벌들이 · · · ·

· · · 밝은 모습 · · · · · · ·

· · 꽃밭 · · · · · · · · 모였습니다

· · · · · · · · · · 친구들에게 · · · · · · · · · · · · 약속 · · · · · 끝

최초 측정 시간	분 초

'이슬이네 꽃밭' 중심 낱말 인지 훈련을 마치고
다음 훈련은 165쪽으로 이동하세요

속독을 위한 중심낱말 인지 스킵훈련 기록표

▶ 시간이 단축될 수 있도록 소요시간을 꼭 기록하세요.
▶ 실력이 향상되도록 같은 내용을 반복 훈련하세요.

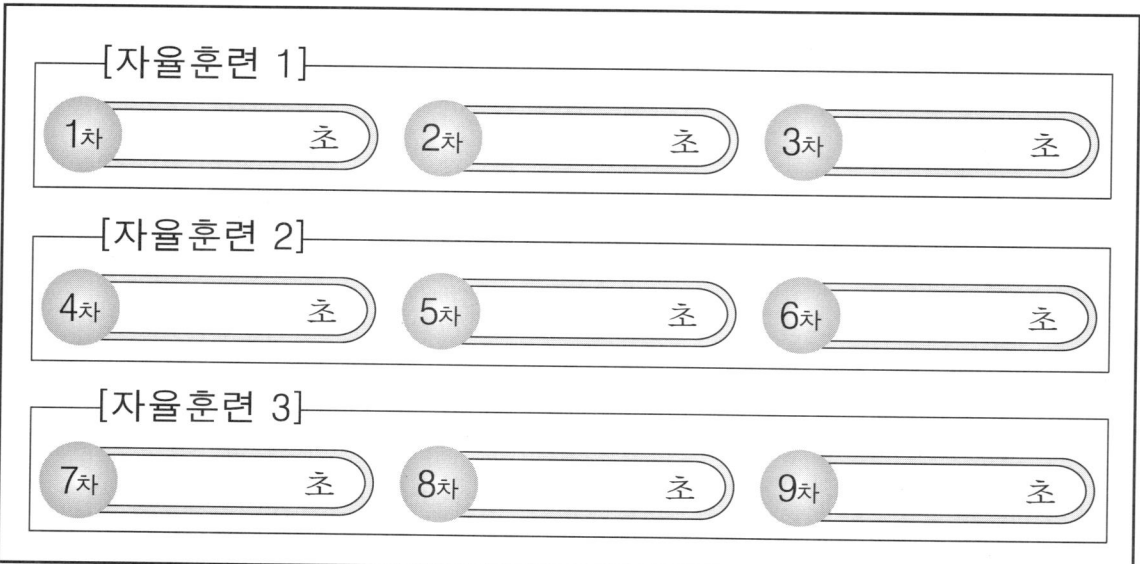

이슬이네 꽃밭

속독 스피드훈련 측정기록란

※ 매 3회 실시

[스피드측정 1]

1차 초 | 2차 초 | 3차 초

[스피드측정 2]

4차 초 | 5차 초 | 6차 초

속독 자율훈련 측정기록란

[자율훈련 1]

1차 초 | 2차 초 | 3차 초

[자율훈련 2]

4차 초 | 5차 초 | 6차 초

[자율훈련 3]

7차 초 | 8차 초 | 9차 초

1차 스킵훈련 5

속독을 위한 중심낱말 인지 훈련

새가 된 다미

다미는 · · · · · · · · · · · · · 창문을 · · · · · · ·

· · 잘 잤다

창 밖을 · · · · · · · · · · · · 웃으며 · · · · · · · · · · · ·

· · · · · ·

· · · 왔는지 · · · · · · · · · · 새소리가 아름답게 · · · · · ·

맑은 하늘에는 · · · · · · · · · · · · · · · 인사를 하네요

· · · · · · · · · · ·

· · · 창문 너머 · · · · · · 둥근 해를 · · · · · · · · · ·

해님 · · · · · · · · · · · · · 환해 보이시네요

· · · 동생은 · · · · · · 아기입니다

아침이면 · · · · · · 보채는 시간이 · · · · · · ·

· · · · · · · · 잠에서 덜 깼는지 · · · · · · · · · · ·

엄마는 · · · · · · · 또닥또닥 · · · · ·

· · · · · · · · · · 우리 아기 잘도 잔다 · · · · · · · · · ·

· · · · · · · · · ·

· · · · 짖지 마라 · · · · · 울지 마라 · · · · 자장가

· · · · · · · · · · · · · · · · · 자장가 노래 · · ·

· · · · · 동생은 · · · · · · · · · · · 잠이 · · · · · ·

1차 스킵훈련 5

속독을 위한 중심낱말 인지 훈련

· · · · ·

· · · 아버지는 · · · · · · · · · 기지개를 · · · · · · · · · ·

· · · · · · · · 잠은 푹 자야 한다

잠은 · · · · · · · · · · · · 중요한 역할 · · · · · · · · · · · 사람의

· · · · · · · 휴식을 · · · · · · ·

· · · · · · · · 신경세포를 강화시키고 · · · · · · · · · ·

잠을 잘 잔다는 · · · · · · · · · · · · · · · · · 건강하 · · ·

· · · 아버지 말씀에 · · · · · · · · · · · · · · 정보를 · · · · ·

· · · · · ·

· · · · · · · · 맞는 것 · · ·

아빠 · · · · · 몸이 · · · · · ·

· · · · · · · · · · · · · 문득 떠오르는 것이 · · · · · ·

· · · · 어젯밤에 · · · · · · · · 누런 강아지 · · · · · · ·

· · · · · · · 강아지 · · ·

· · · · · · · · 무슨 말을 · · · · ·

아버지와 · · · · · · · · · 갸우뚱거렸습니다

· · · · ·

· · · · · · · · · · · · 꿈을 꾼 모양이 · · ·

꿈속에서 · · · · · · · · · · · 아니란다

· · · · · · · · · · · · · 신기한 것 · · ·

1차 스킵훈련 5

속독을 위한 중심낱말 인지 훈련

날개도 · · · · · · · 새처럼 · · 날아다녔어요

· · · 날 수 있어서 · · · · · · · · · · ·

· · · · · · · · · · · · · · · · 마음이 · · · · · · · 날개가 · · · ·

· · 생각 때문에 · · · · · · · ·

· · · · · · · 설명을 · · · · · · ·

새로운 · · · · · · · · ·

· · · 졸음 · · · 시작 · · ·

· · · · · 졸려요

· · · · · · · · · · · · · · · 예쁜 꿈꾸며 · · ·

다미는 · · · · · · · · · · · · · · · · · 꿈나라로 · · · · · · · · · 끝

최초 측정 시간	분　　초

'새가된 다미' 중심 낱말 인지 훈련을 마치고
다음 훈련은 172쪽으로 이동하세요

속독을 위한 중심낱말 인지 스킵훈련 기록표

▶ 시간이 단축될 수 있도록 소요시간을 꼭 기록하세요.
▶ 실력이 향상되도록 같은 내용을 반복 훈련하세요.

새가 된 피리

속독 스피드훈련 측정기록란

※ 매 3회 실시

[스피드측정 1]

1차 초	2차 초	3차 초

[스피드측정 2]

4차 초	5차 초	6차 초

속독 자율훈련 측정기록란

[자율훈련 1]

1차 초	2차 초	3차 초

[자율훈련 2]

4차 초	5차 초	6차 초

[자율훈련 3]

7차 초	8차 초	9차 초

1차 스킵훈련 6

속독을 위한 중심낱말 인지 훈련

아기 추워쟁이!

· · · 추위를 · · · · · · · 덜더리 · · ·

· · · · · · · · · · 덜덜덜 떠는 · · · · · · 친구들이 · · · · · · ·

· · · · · · 부르기 · · · · · · ·

아이들은 · · · · · · · · · · · · · · · · 별명이 · · · · ·

· · · · · 날씨가 · · · 추워도 · · · 떨어요

· · · · · 바람이 · · · 불어도 · · · 떨어요

· · · 추위를 · · · · · 사람이 · · · ·

· · · · · · 추운날씨에도 · · · · · · · · · · 모자와 털장갑

털목도리 · · · · · ·

· · · 내복과 겨울점퍼까지 · · · · · · · · · · · ·

· · · · · · · · · 추워서 · · · · · · · 기침을 · · · · · · · ·

· · 철이를 보고 · · · · · · · · · · · 놀려댑니다

· · · · · · · 추워서 나무 밑에 · · · · · · · · · ·

· · · · · · · · · · · · 까마귀가 · · · · · · · 모자를 · · ·

벗겨 · · · · · · ·

· · · · · 머리가 썰렁 · · · ·

· · · · · · · · · · 이리 내놔

· · · · · · · · 빨리 · · · · ·

아까진 추워졌야!

1차 스킵훈련 6

속독을 위한 중심낱말 인지 훈련

까마귀는 · · · · · · · · · · · · · · · · 놀렸습니다

· · · · · · · 날 잡으면 주지

· · · 까마귀는 · · · · · 약을 · · · · · · · · · · · · · ·

철이는 · · · · 열심히 · · · · · · ·

헉 헉 · · · · · · · · · · · 따라잡을 · · · · · · ·

· · · · · · · · 원숭이가 · · · · 목도리를 · · · · · · ·

나무 위로 · · · · · ·

· · · · · · · 철이는 · · · · · · · · 나무 · · · · ·

· 목도리 · · · · · · · · 얼어 죽는단 · · ·

· · · · · · · ·

원숭이는 · · · · · · · · · · · · · · · 오히려 · · · · · · · · · · · · · ·

· · · · · · · · 한번 떨어봐 · · · · · · · · ·

철이는 · · · · · · 나무를 · · · · · 흔들었습니다

· · · · · · 내려오란 · · ·

· · · · · · · · 소용이 · · · · ·

· · · · · · · 다람쥐가 · · · · · · · · · · · 털장갑을 · · · · · · · ·

달아 · · · · · ·

철이는 화가 · · · ·

· · · · · 가져가면 · · · ·

· · · · · 손이 시려 · · · · · · ·

1차 스킵훈련 6

속독을 위한 중심낱말 인지 훈련

다람쥐도 · · · · 약을 · · · · · ·

· · · · · · · · 여기까지 · · · ·

· · · 나무 위에 · · · · · · 다람쥐를 · · · · · · · · · · · ·

손이 닿지 · · · ·

· · · · · · · 껑충껑충 · · · · · · · 잡을 수가 · · · · · ·

· · · · · · · · · · · · · · · · · · · 시렸습니다

아이 추워 · · · · · · ·

· · · 내 물건 · · 돌려줘 ·

· · · · · · · · · · · · · · 콜록콜록

어서 빨리 돌려줘

· · · · · · · · · · · · · · · · · 나뭇가지를 · · · · · ·

간신히 · 옮겨 갔습니다

· · · · · 매달린 · · · · · · · · · · · · · · · · 옆으로 · · · · · · · · · · ·

· · · · · · 굵은 나뭇가지가 · · · · · · · · ·

나뭇가지 위에 · · · · · · · · · · · · · 모두 언덕 아래로 · · · ·

굴러 내려갔습니다

철이는 · 모두 · · · · · ·

야 잡았다 · · ·

· · · · · · · · · · ·

· · · 내가 · · · · · · · · · 찾을 수 있어

이까짓 추위쯤이야!

1차 스킵훈련 6

속독을 위한 중심낱말 인지 훈련

· · · 숨이 차서 · · · · · ·

몸은 후끈후끈 · · · · · · · · · · · · 땀이 뻘뻘 · · · ·

· · · 모자도 · · · · · 장갑도 · · · · · 목도리도 · · · · · ·

· · · ·

· · · · · · · 춥지도 않네

· · · · · · · · · · · · · · · 철이야

내 이름은 · · · · · · · · · · · · ·

· · · 빼앗긴 모자와 · · · · · · · · · · 찾으려고 · · · · · · · ·

원숭이 까마귀 다람쥐에게 · · · · · · · · · ·

· · · · · · · · · · 떨리지 않아 · · · · · 천천히 · · ·

· · 지켜보던 · · · · · · · · · · · · · 조용해졌습니다

· · · 건강한 · · · · · · · · 두고 지켜본 · · · · · · · · · · · · · · ·

· · · · · 부르지 않았습니다

철이는 · · · · 강하고 씩씩한 어린이가 · · · · · 끝

최초 측정 시간	분	초

'이까짓 추위쯤이야!' 중심 낱말 인지 훈련을 마치고
다음 훈련은 179쪽으로 이동하세요

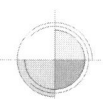

속독을 위한 중심낱말 인지 스킵훈련 기록표

▶ 시간이 단축될 수 있도록 소요시간을 꼭 기록하세요.
▶ 실력이 향상되도록 같은 내용을 반복 훈련하세요.

아직 추쯤이야!

속독 스피드훈련 측정기록란

※ 매 3회 실시

[스피드측정 1]

1차 초	2차 초	3차 초

[스피드측정 2]

4차 초	5차 초	6차 초

속독 자율훈련 측정기록란

[자율훈련 1]

1차 초	2차 초	3차 초

[자율훈련 2]

4차 초	5차 초	6차 초

[자율훈련 3]

7차 초	8차 초	9차 초

1차 스킵훈련 7

속독을 위한 중심낱말 인지 훈련

괴물은 무서워!

· · · · · · 오두막집 · · · · · · · · · · · 괴물이 살고 · · · ·

괴물 · · · · · · · · · · 자주 울었습니다

· · · · · · · · 엉엉 · · ·

나는 · · · · 외로울까

· · 슬퍼 · ·

· · · 울음소리는 · · · · · · · · · · · 멀리멀리 아이들이 · · · · · ·

퍼져갔습니다

· · · · · · · · ·

아이들은 · · · · 울음소리를 · · · · · · ·

· · 울고 · · · ·

· · · · · · · · 가보자

그래 · · ·

· · · · 울음소리가 · · · 장소를 · · · 달려갔습니다

아이들이 · · · · · · · · · · 오두막집 · · · · · · · · · · · ·

· · · ·

· · · · 꽃들이 · · · · · · · · ·

· · · 예쁜 · · · · · · 누가 울고 있을까

· · · · · · · · 궁금했습니다

1차 스킵훈련 7

속독을 위한 중심낱말 인지 훈련

· · · · 오두막집 안으로 · · · · · 들어갔 · · · · ·

· · · · · · ·

누구야 · · · · · · 허락도 없이 · · · · · · ·

· ·

· · · · · · · 놀라 · · · · · 괴물이었습니다

· · · · ·

· · · · · · 달아나자

아이들을 · · · · · · · · · · · · · 뛰어나왔습니다

· · · 괴물은 · · · · · · · · · · · · · · · 길을 · · · · ·

· · 도망가

· · · · 꼼짝없이 · · · · 붙잡히고 · · · ·

괴물은 · · · · · · · · · · 방에 · · · · · · ·

· · · 무섭게 · · · · · · · · ·

· · · · · · · · · · · · · 아이들은 · · · · 두 손으로 · · · · · · ·

벌벌 떨고 · · · · ·

· · · · · · · · · · · ·

· · · · · · · · · · · 들리지 않았습니다

· · · · 눈을 뜨고 · · · · · · · · · 쳐다보았습니다

무서운 괴물은 · · · · · · · · · · · · 찬장에서 · · · 약병을 · · ·

· · · · · ·

1차 스킵훈련 7

속독을 위한 중심낱말 인지 훈련

찬장 속에는 · · · · · 약병들이 · · · · · · · · · ·

· 빨간 약 · · · ·

· · · · · · · 하얀 약 · · · · · · · · · · 약 등이 있었습니다

· · · · · · · · · · · · · · · · · 식탁 위에 가득 펼쳐놓고 · · ·

· · · 약을 먹기 · · · · · · ·

· · · · 깜짝 · · · · · ·

· · · · 많은 약을 · · · · · ·

· · · · · · · · · · · · · · · · 쳐다 보고 · · · · · ·

· · · · · · · · · · · · · 물어보기로 · · · · · ·

· · · · · · 궁금해서 · · · · · ·

· 약이 · · · · · · · · · ·

· · · 아파서 먹는다 · · ·

· · · · · · · · · · · · · 여러 가지 약을 · · · · 먹나요

· · · 약을 · · · · · · · 설명하기 · · · · · · · ·

· · · 머리가 · · · 먹는 약 · ·

· · · 배 아플 때 · · · · · ·

· · · 다리가 · · · · · · 약

· · · 손이 아 · · · · 약

· · · 허리가 · · · · · · · · · · · 괴물은 · · · · · · ·

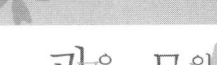

· · · · 설명을 · · · · · · ·

1차 스킵훈련 7

속독을 위한 중심낱말 인지 훈련

· · · · · · · · · · · · · · · · 온몸은 · · · · · · · · · · · · · ·

없었습니다

아이들은 · · · · 물었습니다

· · · · · · · · · · · 곳이 · · · ·

왜냐하면 · · · · · · 외롭기 · · · · · ·

· · · · · ·

· · · · 놀아주지 않아서 · · · · ·

· · · 친구들이 · · · · · · · · · ·

· · · · · · · · · 무섭데

· · · 슬픈 듯이 · · · · · · · · · · 앉아 · · · · ·

· · · · · ·

· · 화를 잘 내고 · · · · · · 큰소리도 · · · · · · · · · · · · · · ·

무섭다 · ·

· · · · · · · · · · 괴물은 · · · · · · · · 눈물이 · · · · · · ·

· · · · · · ·

· · · 슬퍼하는 모습을 · · · · · · · · · · · 불쌍하다는 · · · · · · · ·

· · · · · · · · · · · · · · · · · · ·

· · 슬퍼하지 · · · ·

· · · · · · 놀아드릴게요

· ·

1차 스킵훈련 7

속독을 위한 중심낱말 인지 훈련

· · · 기쁜 표정 · · · · ·

· · · 약속해요

· · · · · · · · · · · · 절대로 · · · · · · 안 돼요

· · · · · ·

· · · · 알았어

· · · · 약속한 · · · · · · · · 놀 궁리를 합니다

소꿉놀이해요

숨바꼭질 · · · · · · · ·

· · · 학교 놀이해요

구슬치기도 · · · · · · · · ·

괴물과 · · · · · · · · · · 재미있는 · · · · ·

괴물님 · · · · · · · · · · 보기 좋아요

· · · 재미있게 · · · · · · · · · · · · · · · · · 나아가고 · · · ·

괴물은 · · · · · · · · · · · · · · 놀면서 · · ·

건강해졌다는 · · · · ·

· · · · · · · · · · · · 건강해졌구나

· · · 활짝 웃으세요

마음씨 · · · · · · · · · · · 착하게 · · ·

· · · · · · · · · · ·

· · · 우리 집에 · · · · · · · · · · · · · 화 안 낼게

1차 스킵훈련 7

속독을 위한 중심낱말 인지 훈련

· · · · · · · · · · · · 놀러 올게요

· · 놀러 와 · ·

마음이 건강해지 · · · · · · · · · · · · · · · 혼자 방에 · · · · · ·

· · · ·

· · · · · · 약을 먹지 않았 · · · · · · 즐겁게 · · · · · · · · · ·

끝

최초 측정 시간	분	초

'괴물은 무서워!' 중심 낱말 인지 훈련을 마치고
다음 훈련은 187쪽으로 이동하세요

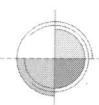

속독을 위한 중심낱말 인지 스킵훈련 기록표

▶ 시간이 단축될 수 있도록 소요시간을 꼭 기록하세요.
▶ 실력이 향상되도록 같은 내용을 반복 훈련하세요.

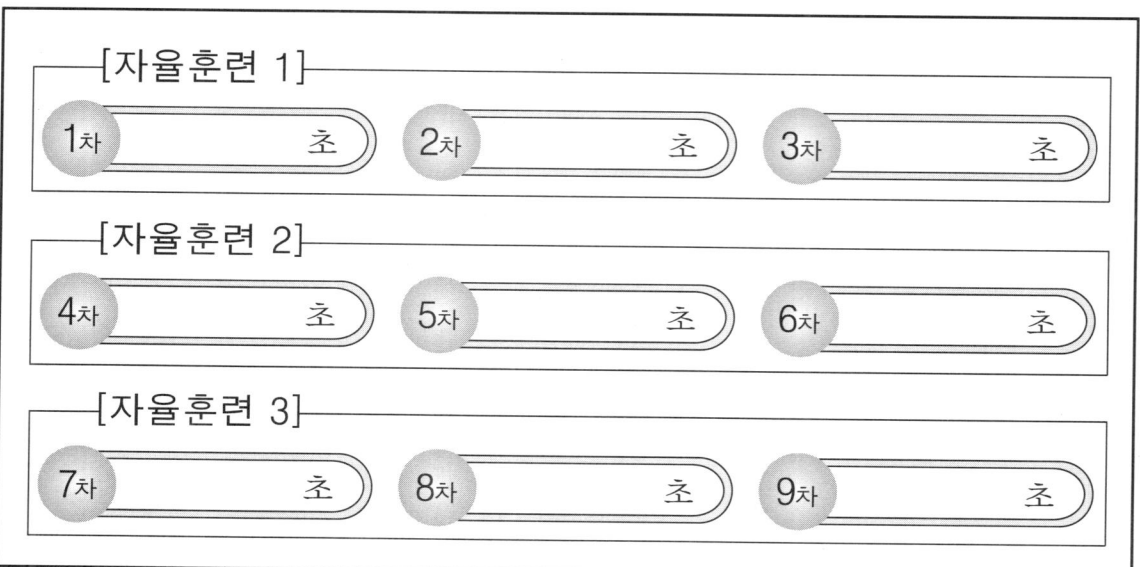

속독 스피드훈련 측정기록란

※ 매 3회 실시

[스피드측정 1]

1차 초	2차 초	3차 초

[스피드측정 2]

4차 초	5차 초	6차 초

속독 자율훈련 측정기록란

[자율훈련 1]

1차 초	2차 초	3차 초

[자율훈련 2]

4차 초	5차 초	6차 초

[자율훈련 3]

7차 초	8차 초	9차 초

1차 스킵훈련 8

속독을 위한 중심낱말 인지 훈련

통키의 도토리

도토리가 · · · · 바구니를 · · 당나귀가 · · · · · · · · · · · ·

· 당나귀 · · · · 통키 · · · · ·

· · · 주인님의 · · · · · · · · · · · 싣고 가는 · · · ·

아이고 힘들어

· · · · · · · · · · · · · · 무거워

나무 그늘서 · · · · · · · · · ·

통키는 · · · · · · · · · 힘이 · · · · 쉬어가기로 · · ·

· · · · · · · 큰 나무 · · · 이상한 의자 · · · · · · · · · ·

· · · · · 마음대로 · · · · 의자였 · · ·

통키는 도토리 바구니 · · · · · · · · · · · · · · 내려놓았습니다

· · · · · · · · · · · · · · 나무그늘 · · · · · · 잠이 · · · · · · · ·

· · · 10분 · · · ·

· · · · · · · · 곰돌이가 · · · · · · · · · 지나게 · · · · ·

· · · · · · · · · · 맛있겠 · ·

· 마음대로 의자 · ·

곰돌이는 · 기뻐했습니다

· · · · · · · · · · · · · 마음대로 먹어도 되겠지

1차 스킵훈련 8

속독을 위한 중심낱말 인지 훈련

곰돌이는 · · · · · · · · 먹기 · · · · · · · · ·

· · · · · · 바구니에 · · · · · · · · · · 모두 먹어 · · · · · · · ·

바구니 속에 · · · · · · · · · · 하나도 없이 · · · · · ·

· · · · · · · 미안한 마음이 · · · · ·

· · · 어쩌지 · · · · 텅 비어 · · ·

곰돌이는 · · · · · · · · · · · · · · · · 꿀을 · · · · · · · · · · ·

· · · · · 놓고 가야지

· · · · · · · · · · · · · · 꿀이 담긴 병을 · · 길을 · · · · ·

통키는 도토리가 · · · · · · · · · · · · · · · 잠을 · · · · · · ·

· · · · 여우가 · · · · · · 빵 세 개를 · · · · · · · · · · · ·

· 마음대로 의자 · ·

여우는 · · · · · · · · · · · 항아리를 · · · · · · ·

· · · ·

여우는 · · · · · · · · 꿀을 · · · · · · · · · · ·

· · 꿀 · · ·

· · 놓고 · · · · · · 고마운데

마음대로 의자니 · · · · · 먹어도 · · ·

여우는 · · · · · · · · · · · · · · 꿀인지 · · · · · · · ·

찍어 먹었 · · ·

· · · ·

1차 스킵훈련 8

속독을 위한 중심낱말 인지 훈련

· · · · · ·

꿀 항아리 · · · · 빈 항아리가 · · · · · · · ·

여우는 · · · · · · · · · · · · 항아리를 · · · · · · · · · ·

미안했습니다

· · · · · · · · · 빵 세 개 중에 두 개를 · · · · · · · · · ·

· · · · ·

통키는 · · · · · · · · · · · · · · · · 잠만 자고 · · · ·

· · · · · · · · 빵을 놓고 간지 · · · · · · · · · 다람쥐 다섯 마리가

· · · · · · · · · ·

· · · · · · 알밤을 · · · · · · · · · · · · · · · 의자 앞 · · · ·

· · · · · ·

다람쥐 한 마리가 · · · · · · · · · · · · · · 발견 · · · · ·

이게 뭐지 · · · 의자 위로 · · · · · · ·

· · · · · · · · · 빵 두 개가 · · · · ·

· · · · · · 빵이 · ·

다섯 마리 · · · · · · 한 마리가 · · · · · · ·

얘들아 · · · · · · · · · · · 많이 먹어 · · · ·

빵은 · · · · · · · · · · · ·

· · · · · · · · 먹어 보자

· · · · 마음대로 · · · · · · · · · · ·

1차 스킵훈련 8

속독을 위한 중심낱말 인지 훈련

· · · · · · · 먹어도 되나

빵을 · · · ·

· · · · · · · · · 나누어 먹자

· · · 우리가 · · · · · · · · · · 담아두자

다람쥐 다섯 마리는 빵을 나누어 · · · · · · · · ·

· · · · · · · · · 빵을 · · · · · 어디론가 · · · · · · · ·

· · · · · · 기지개를 · · · · · · · · ·

· · · · ·

· · · · · · 너무 오래 잤나

통키는 · · · · · · · · · · · · · · · · · · · · · · 바구니 안을

· · · · · · · ·

· · · · · · · 깜짝 놀랐습니다

· · · · · · · ·

바구니에 · · · · · · · · · 밤으로 · · · · · · · · · ·

통키는 · · · · · · · ·

· · · · · · · · 밤이 되었나

· · 마술을 · · ·

· · · · · · · · · · ·

통키는 · · · · · · · · · · · · 생긴 일은 · · · · · · · ·

1차 스킵훈련 8

속독을 위한 중심낱말 인지 훈련

· · · · · 도토리가 · · · · · · · · ·

아무리 · · · · · · · 이해가 · · · ·

· · · · · 통키는 · · · · · 밤을 · · · · · 길을 · · · · · 끝

최초 측정 시간	분 초

'통키의 도토리' 중심 낱말 인지 훈련을 마치고
다음 훈련은 196쪽으로 이동하세요

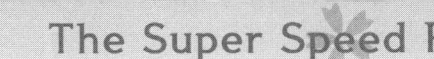

속독을 위한 중심낱말 인지 스킵훈련 기록표

▶ 시간이 단축될 수 있도록 소요시간을 꼭 기록하세요.
▶ 실력이 향상되도록 같은 내용을 반복 훈련하세요.

통키의 도리

속독 스피드훈련 측정기록란

※ 매 3회 실시

[스피드측정 1]

1차 초 | 2차 초 | 3차 초

[스피드측정 2]

4차 초 | 5차 초 | 6차 초

속독 자율훈련 측정기록란

[자율훈련 1]

1차 초 | 2차 초 | 3차 초

[자율훈련 2]

4차 초 | 5차 초 | 6차 초

[자율훈련 3]

7차 초 | 8차 초 | 9차 초

1차 스킵훈련 9

속독을 위한 중심낱말 인지 훈련

청소하는 야옹이

· · · · · · · · · 봄날 · · · · · ·

숲 속에 · · · · · · · · · · 모여서 · · · · · 날씨입니다

· · · · · · · · · 정리정돈 · · · · · · · · ·

· · · 토미는 · · · · · · · · · · · · · · · 초대 · · · · · ·

· · · · · · · 오늘 · · · 우리 집에 · · ·

· · · · 초대해줘서 · · ·

야옹이는 · 기분이 · · · · · ·

· · · · · · 좋아하는구나

야옹이는 · · · · · · · · · · · · · · · · 점검합니다

· · · · · · · · · 즐거운 · · · · · · · · · · · · 토미네 집까지 · · · · · · ·

야옹이가 · · · · · · · 집에 · · · · · ·

· · · · · · · · · 창문이 · · · · · · · · 아담한 집 · · · · · ·

· · · · · · · · · ·

토미야 안녕

· · · · · · · ·

곰돌이는 · · · · · 기다리고 · · ·

· · · · · · · · · · · · · · · · · 방으로 · · · · · · ·

· · · · · 동화책을 · · · · · · · · · ·

1차 스킵훈련 9

속독을 위한 중심낱말 인지 훈련

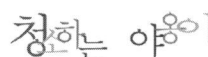

· · · · · · ·

· · · · · · ·

· · 인사를 · · · · · · 놀기 · · · · · · · ·

· · · · 야옹이는 · · · · · · · · · 물건을 · · · · · · · · · · · · · ·

어지럽히고 · · · · · ·

· · · · · 시계를 · · ·

· · 고물시계

시계를 · · · · · · · ·

· 게임은 · · · ·

· · · · · · · 전기 코드를 · · · · · · · · ·

· · · · · 돌발행동에 · · · · · · · · · · · · · · 놀랐습니다

야옹이는 · · · · · · · · · · · · 어지럽히고 · · · · · ·

· · · · 그만해

· · · · 화를 · · · · ·

· · · · · 물건을 · · · · · · · · 산만하게 · · · · · · 처음 · · · · · ·

· · · · · · · · · · · 장난감은 · · · · · · · · · 새로운 · · · · · ·

노는 · · · · · · ·

· · · · · 산만해

· · · · · · · · · 같은 생각 · · · · ·

· · ·

속독을 위한 중심낱말 인지 훈련

우당탕 · · ·

· · · · ·

· · · · · · · · · 야옹이는 · · · · · · · 물건을 · · ·

던지며 · · · · · · · · · · ·

· · · · · · ·

토미와 곰돌이 · · · · 소용이 · · · · ·

· · · · · · · · ·

혼자서 · · · · · 던지며 · · · · · · ·

· · · · 어지럽히면서 · · · · · 야옹이는 · · · · · · · · ·

· · · · 미안한 · · · · · · · · · · · · 혀를 · · · · · · ·

· · · · ·

· · · 놀러 · · · ·

· · · · · · · · 약이 · · · · ·

정리를 · · · · · 그냥 · · ·

· · · · · · · · 얄미웠습니다

토미와 곰돌이는 · · · · · · · · · · 정리하기 · · · · ·

· · · · · · · 종이들은 · · · · · · · · · · · 분리 · · · ·

· · · · ·

· · · · · · · ·

· · · · 바람이 · · · · · · · · · · · · · 회오리바람 · · · ·

1차 스킵훈련 9

속독을 위한 중심낱말 인지 훈련

세차게 · · · · · · · · · · ·

창문 앞에 · · · · · · · · · 장난감 · · · · · · · · · · ·

그릇들이 · · · · · · · · · · · · 날아 · · · · · · ·

· · · · · 쓰레기는 · · · · · · · · · · · · 떨어지고 · · · · · ·

야옹이는 · · · · · · · · 쓰레기를 · · · · · · · · · · · · ·

쓰러집 · · · · · · ·

· · · · · · · · · · 모조리 · · · · · · · · · · 날아온 · · · · · · ·

· · · · · 지저분해진 · · · · · · · · 후회합니다

다시는 · · · · · · · · · · · · · · · 말아야지

· · · · · · · · 내방처럼 · · · · · · · · · · · ·

· 밤늦게까지

청소를 · · · · · · · ·

· · · · · 이제 끝났어

· · · · 끝

최초 측정 시간	분 초

'청소하는 야옹이' 중심 낱말 인지 훈련을 마치고
다음 훈련은 204쪽으로 이동하세요

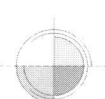

속독을 위한 중심낱말 인지 스킵훈련 기록표

▶ 시간이 단축될 수 있도록 소요시간을 꼭 기록하세요.
▶ 실력이 향상되도록 같은 내용을 반복 훈련하세요.

청하는 야옹이

속독 스피드훈련 측정기록란

※ 매 3회 실시

[스피드측정 1]

1차 초 | 2차 초 | 3차 초

[스피드측정 2]

4차 초 | 5차 초 | 6차 초

속독 자율훈련 측정기록란

[자율훈련 1]

1차 초 | 2차 초 | 3차 초

[자율훈련 2]

4차 초 | 5차 초 | 6차 초

[자율훈련 3]

7차 초 | 8차 초 | 9차 초

1차 스킵훈련 10

속독을 위한 중심낱말 인지 훈련

금메달을 건 꼬물이

· · · · · · · · · · · · 과일이 · · · · · · · 가을이 · · · ·

꼬물이네 · · · · · · · · · · · 포도농장에 · · · · · ·

· · · · · · · · · · · 주인은 · · · · · · 아저씨 · · · ·

날씨가 · · · · · · 아침 · · · · ·

· · · · · · 살고 · · · · · · · · 꼬물이는 · · · · · · · · ·

엄마지렁이가 · · · · · · 이불을 · · · ·

· · · · · · 일어나라

· · · · · · · · · · 뽀뽀를 · · · · · ·

꼬물이는 · · · · · · · · · · · · · · · · · 싫습니다

· · · · · · · · · · · · 더 자고 · · ·

일찍 · · · · ·

· · · 맛있는 · · · · · 먹을 수 · · ·

· · · · · · ·

· · · · · · · · · · · 깨우는 · · · · · ·

· · 아기지렁이는 · · · · · · 일어나고 · · · · ·

· · · · · · · · · · · · 부지런히 · · · · · 일을 · · · · · · ·

아침 식사를 · · · · · · · · · · · · · · · · · · 나뭇잎 ·

나무뿌리를 · · · · · · · · · · · · · · · · · · · 굴을 · ·

1차 스킵훈련 10

속독을 위한 중심낱말 인지 훈련

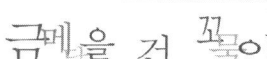

· · · · · ·

흙 사이에는 · · · · · · · · · · · · · 먹을 것이 많이 · · · · · ·

· · · 땀범벅이 · · · · · · · 가슴이 · · · · · ·

· · · · · 대단해

· · · · · · · · · 아이들의 · · · · · · · · · · 들려오기 · · · · · ·

어른의 · · · · 들리는 · · · · · ·

· · · · · · · · · · · · · · · · 걸어오고 · · · · · · ·

아이들이 · 학교에서 · · · · ·

· · · · · 포도밭 · · 체험학습을 · · · · · · · · ·

· · · · · · · 포도나무에 · · · · · · · · · · · 팻말이 · · · · · · ·

· · · · · · 포도농원에서 · · · · · · 포도를 · · · · ·

· · · 여물고 · · · · · 탐스러운 · · · · · · · · ·

· · · · · · · · · · · · · 찾는지 · · · · · · · 포도나무에

금메달을 · · · · · ·

· · · · · · · · · · 걸 수 있게 · · · · · 궁금합니다

· · · 30분을 · · · · ·

· · · · · · · · · · · · 건강한 · · · · · · · ·

찾은 · · · · · · · 서 있으면 · · ·

· · · · 초시계를 · · · · · · · 시작 · · · · ·

· · · · · · · · · · · · 눌렀습니다

1차 스킵훈련 10

속독을 위한 중심낱말 인지 훈련

아이들은 · · · · · · · 금메달을 · · · · · · · · · · · · · · · ·

선생님의 · · · · · 긴장을 · · · · · · · ·

포도밭 · · · · · · · · · · · · · · · · · 흩어지는 아이들 · · ·

· · · · · · ·

· · 약속된 · · · · · · · · · ·

· · · · · · · · · · · 호루라기를 · · ·

· · · · · 자기가 · · · · · · · · 앞에 · · · ·

꼬물이는 · · · · · · ·

· · · · · · · · 무거워지는 · · · · · · · · · · ·

· ·

· · 우리 집 · · · · · · · · · · · · · 분명해

· · · 목소리가 · · · · ·

· · · 잘 골랐네 · · · · · · · · · · · · · · · 익었네

· · · 맛있게 · · · · · · · 선생님이 · · · · ·

· · · · · · · · 머리 위에서는 · · · · · · 소리가 · · · · · · · ·

· · · · 몸을 누르는 · · · · · ·

포도밭에 · · · · · · 모인 · · · · · ·

· · · · 떠날 생각도 · · · · · 자리에 · · · · · · · · · · · · ·

· · · · · · ·

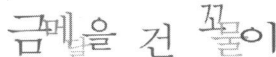

· · · · · · · · 포도송이는 · · · · ·

1차 스킵훈련 10

속독을 위한 중심낱말 인지 훈련

포도 · · · · · · · · 왕 사탕 · · ·

· · · · · · · 금메달을 · · · ·

아이들 · · · · · · · 말을 · · · ·

· · · · · · · 와 좋아 · ·

· · · · · · · · ·

· · 금메달 주인은 · · · · · ·

· · · · · ·

· · · · · · 주인아저씨가 · · · · · · · · · · ·

주인아저씨는 · · · · · · · 흙을 · · · · · · · · · · · · · · · · · · · 지렁이가

· · · · · 집이 · · · · · · · · · · · ·

· · · · · 아기지렁이 · · · · · · · · · · · 손바닥에 · · · ·

· · · · · · · ·

아이들은 · · · · · · · · · 아저씨의 · · · · · · · · · · · · ·

· · · · · ·

· · · 징그러워 · · · · · · · ·

아저씨는 · · · · · · · 금메달을 · · · ·

· 포도나무 · · · · · · · · · · · · · · · · 기름지게 · · · · · · · ·

· · · 지렁이가 · · · · · · · ·

· · · 포도 알이 · · · · · · · · · · · · · · · · · · · 이 녀석 때문이란다

· · · · · · 땅속에서 · · · · · · 찌꺼기들을 · · · · · · · · · · · ·

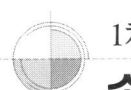

1차 스킵훈련 10

속독을 위한 중심낱말 인지 훈련

밷어내어 · · · · · · · · · · · · 건강한 흙으로 · · · · · · ·

· 고마운 · · · · · · · · 일꾼인 지렁이 · · · · · · · · · · · 쉬지 않고

· 포도 · · · · · · · · · ·

· · · · ·

· · · · · · · · · · 땅을 · · · · · · · · · · · · · · · · 정화 · · · · · · · · ·

숨은 일꾼 · · · · · · · · · · ·

· · · 지렁이를 · · · 생물로만 · · · · · · · · · · · · · · ·

· · · · · 지렁이 · · 금메달을 · · · · · · · ·

· · · · · 대찬성 · · ·

· · · · · · · · · · · · · · · · · ·

선생님과 아이들은 · · · · · · · · · · · · · · · · 아기지렁이

· · · · · · · · · · · · 걸어 · · · · · ·

· · · · · · · · · · 만세를 · · · · · ·

· · · · · ·

· · · 일꾼 · · · · · ·

아이들 · · · · · · · · · · · 손뼉을 · · · · · · · · ·

· · · · · · 꼬물이는 · · · · · · · · · · 어리둥절 · · · ·

· · · · · ·

금메달을 · · · · · · · · · · 엄마예요

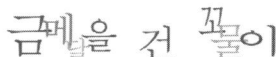

· · · · · · · · · · · · 큰소리로 · · · · 꼬물이의 소리가 · · · · · ·

1차 스킵훈련 10

속독을 위한 중심낱말 인지 훈련

들리지 · · · · · ·

· · · · · · · · · · · · · · 칭찬과 · · · · · · · · · · · · · · ·

· · · ·

· · · · · · · · · · · ·

· · · · · · · · 금메달을 · · · · · 죄송한 · · · · · · · · ·

· · · · · · · · · · · · · 후회 · · · ·

· · · 새로운 · · · · · · 일기를 · · ·

· · · · · · · · ·

· · · · 일찍 · · · · · · · · · · · · · · ·

엄마처럼 · · · · · · · · · ·

어른이 · 부끄럽지 · ·

· · · · 금메달을 · · · · · ·

· · · · · · 끝

최초 측정 시간	분	초

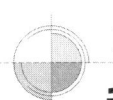

'금메달을 건 꼬물이' 중심 낱말 인지 훈련을 마치고
다음 훈련은 212쪽으로 이동하세요

속독을 위한 중심낱말 인지 스킵훈련 기록표

▶ 시간이 단축될 수 있도록 소요시간을 꼭 기록하세요.
▶ 실력이 향상되도록 같은 내용을 반복 훈련하세요.

금메달을 건 꼬물이

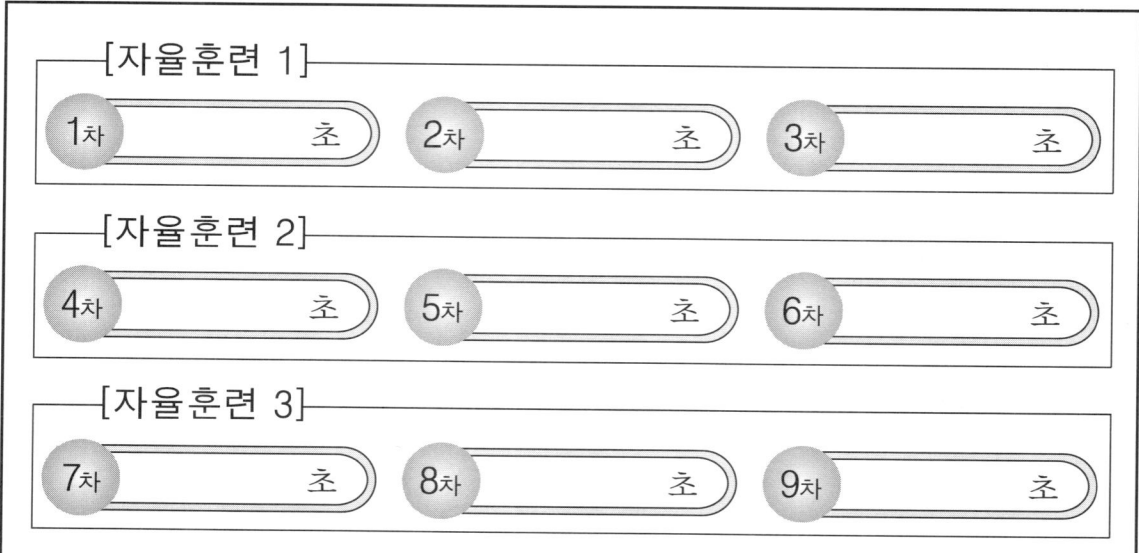

속독 스피드훈련 측정기록란

※ 매 3회 실시

[스피드측정 1]

1차 초	2차 초	3차 초

[스피드측정 2]

4차 초	5차 초	6차 초

속독 자율훈련 측정기록란

[자율훈련 1]

1차 초	2차 초	3차 초

[자율훈련 2]

4차 초	5차 초	6차 초

[자율훈련 3]

7차 초	8차 초	9차 초

1차 스킵훈련 11

속독을 위한 중심낱말 인지 훈련

비를 피하는 방법

비 오는 · · 나무 아래 · · · · 비를 맞지 · · ·

하늘에서 · · · · · · · · · · · · · · · · · 구슬이 · · ·

· · · · · · · · · · · · · · · ·

민수는 · · · 날을 · · · ·

큰 나무 · · · · · · · · 장면이 · · · · ·

어린토끼도 · · · · · · · ·

· · · · · · · 큰 버섯 · · · · · · 비를 · · · · ·

어린토끼 · · · · · · · · · · ·

· · · · · · · · 당근 · · · · · · · · · 그치길 · · · · · · ·

· · · 민수가 · · · · · 토라져 · · · · ·

· · · · · · · 화해했나 · ·

· · · · · · · · · · · · · · · · · 미소를 · · · 손수레를 · ·

· · · · · · · ·

비 오는 · · · 민수와 영이가 · · · · · · · · · · · · ·

· · · · · ·

· · · · · · · 재미있네요

싫어했던 · · · 함께 · · · · · · · ·

1차 스킵훈련 11

비를 피하는 방법

속독을 위한 중심낱말 인지 훈련

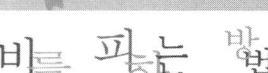

· · 걷다 보면 · · · · · · · · · 친하게 · · · · · · ·

비 오는 · · · · · · 큰 모자 · · · ·

아빠의 · · · · · · · · · · · 아주 크게 · · · · · · ·

· · · · · · · · 우산처럼 · ·

· 재미 · · ·

민수와 동생은 · · · · · · 함께 쓰고 · · · · · · · · ·

· · · 큰 모자 · · · · · · · · · ·

모자가 · · · · · · · · 화를 · · ·

· · · · · · · · 다리 · · 우산이 · · · · · · · ·

· · · · · · 배를 · · · · · ·

· · · · · · · · · · · 다리 밑 · · · · · · · · · · 피해야 · · ·

다리를 · · · · · · · · 구경 · ·

문구점 · · · · · · · 갑자기 · · · · · ·

· · 할아버지가 · · · · · 신문지를 · · · · · ·

· · · · · 신문 · · · · · ·

아니야 · · · · · · · · · · 쓰고 · · ·

· · · · 신문지를 · · ·

· · · · · · · ·

· · · 빗방울 소리 · · · · · ·

신문이 · · · · · · · · · · · · ·

1차 스킵훈련 11

속독을 위한 중심낱말 인지 훈련

· · · · · · 미나는 · · · 우산이 · · · · · ·

· · · 처마 밑에서 · · · 사람들을 · · · · · ·

· · · · · · · · · · 바쁘게 · · · 모습이 · · · · · ·

· · · · · · · · 집에 · · · 재미 · · ·

창가에 · · · · · · · · · ·

· · · · · · · · 서 있는 사람 · · · · · · · · · · · · · · ·

· · · · · · 고민 · · ·

한참 · · · · · · · 바라보고 · · ·

버스를 · · · · · · · · 길입니다

· · · · · · 내리기 · · · · · · 버스 안에 · · · · · · · · · · · ·

· · · 사람들을 · · · ·

걸어가는 · · · 뛰어가는 · · ·

· · 표정이 · · · · · · · · · · · 차들도 · · · · · ·

갓난아기를 · · · · · · · 비를 · · ·

창문 밖 · · · · · · · · 강아지가 · · · · · · · · · · · · ·

· · · · · 태운 자동차도 · · · · ·

차 안에 · · · · · · · 다행스러워 · · · · · · · ·

· · · · · · · 막아주니까 · · · · · · ·

키다리 아저씨는 · · · · · ·

· · · · · · · · · · · · · · 길어요

1차 스킵훈련 11

속독을 위한 중심낱말 인지 훈련

· · · 롱다리 신사 · · · · · · ·

· · · · · · · · · · 긴 코트를 · · · · ·

비가 오면 · · · · · · · · · · · · · 들어가 · · · · · ·

· · · 아이들은 · · · · · · · · · 피할 수 · · ·

· · · 모래밭을 · · · 비가 · · · · · · · · · · ·

· · · · 파라솔 · · · · · · · · · ·

· · · · · · · 물고기와 조개들은

· · · 많은 · · · · · · · 피할 수 · · · · · · · ·

비가 · · · · · · · · · · · · 고개를 · · · · · · · ·

· · · · · · · 바깥세상이 · · · · · · ·

· · · · 바다 속에는 · · · · 많아서 · · · · · · · · · 끝

최초 측정 시간	분 초

'비를 피하는 방법' 중심 낱말 인지 훈련을 마치고
다음 훈련은 222쪽으로 이동하세요

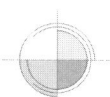

속독을 위한 중심낱말 인지 스킵훈련 기록표

▶ 시간이 단축될 수 있도록 소요시간을 꼭 기록하세요.
▶ 실력이 향상되도록 같은 내용을 반복 훈련하세요.

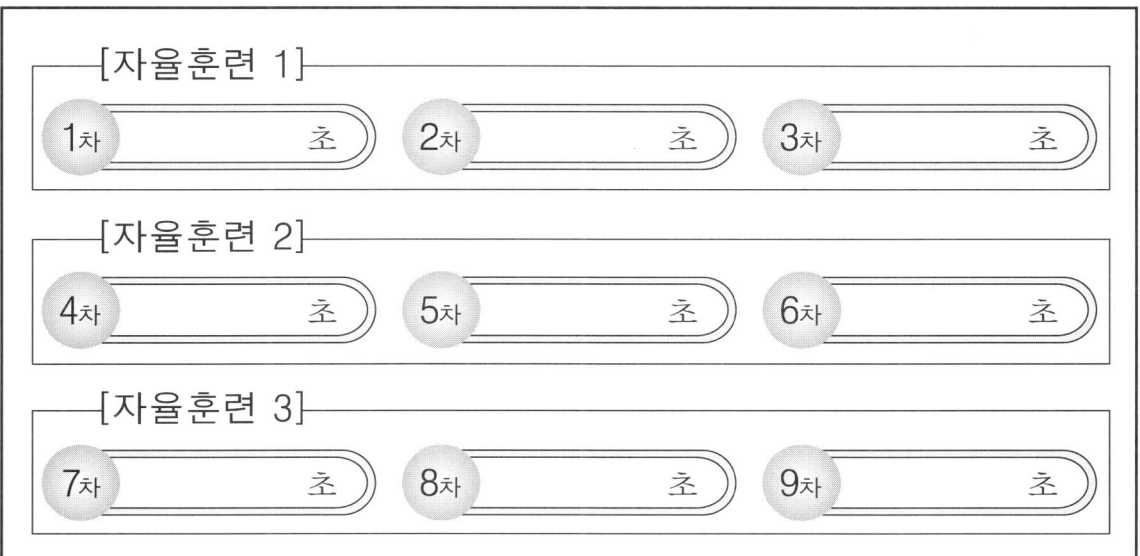

비를 피하는 방법

속독 스피드훈련 측정기록란

※ 매 3회 실시

[스피드측정 1]

1차 초	2차 초	3차 초

[스피드측정 2]

4차 초	5차 초	6차 초

속독 자율훈련 측정기록란

[자율훈련 1]

1차 초	2차 초	3차 초

[자율훈련 2]

4차 초	5차 초	6차 초

[자율훈련 3]

7차 초	8차 초	9차 초

1차 스킵훈련 12

속독을 위한 중심낱말 인지 훈련

비비추의 소원

산과 들에는 · · · · · · · · · · · · · 가뭄이 · · · · · ·

· · · · · · · · · 비비추 꽃잎은 · · · · · · · · · · ·

· · · 덥고 · · · · · · · · · 오래된 것 · · · ·

· · · · · · · · 목이 · · · · · · · · · · · ·

· · · · · · · · · · 비가 내리지 · · · · 먹을 · · · · · · ·

비비추 · · · · · · · · 바람 대장 · · · · · · ·

· · · · · · · · · · ·

· · 물이 · · · · · ·

물이 되면 · · · · · · · · · · · · · · 물 걱정을 · · · · · · · · · · ·

· · · · · · 꽃잎은 · · · · · · · · · · · · · · · · · · 두 손 모아

· · · · · ·

날이 갈수록 · · · · · · · · · · · · 가뭄에 · · · · · · · · · · · · ·

· · · · · · · · 죽고 · · · · · ·

바람 대장은 · · · · · · · · 소원을 · · · · · · · · · · · · · · 입김을 · ·

· · · · · · · · 흙을 모아 · · · · · · · · · · ·

· · · · · · · · · · · 땅속 · · · · · · · · · · · ·

· · · 오랜 세월이 · · · · · ·

깊은 땅속 · · · · · · · · 축축하였습니다

1차 스킵훈련 12

속독을 위한 중심낱말 인지 훈련

· · · · · 묻혀 · · · · · · · · · · · · · · · 흐르고 · · · · · ·

드디어 · · · · · · · · · 소원으로 · · · · · · · ·

· · · · · · · · · · · · · 좋았습 · ·

물이 된 · · · · · · · · · · · · 물방울들이 · · · · · · · · · ·

흐르고 · · · · · ·

· · 가만히 · · · · · · · · · 이리와

· · · · · 흐르자

물방울 · · · · · · · · · · · · · · 하나가 · · · · · · · · ·

· · · 물방울은 · · · · · · · · 흘러 · · · · · · · · ·

어느 날 · · · · · · 나오게 · · · · · · ·

· · · 소리에 · · · · · · · · · · · · · 산 속에 · ·

옹달샘으로 · · · · · · · · · · ·

· · · · · · · 옹달샘을 · · · · · · · 아래로 · · · · · · ·

우리는 · · · · · · · · · · ·

· · · · · · · 말을 · · · ·

· · · · · · · · · · · · · 골짜기를 · · · · · · · · 흘러 · · · · · · ·

골짜기를 · · · · · · · · · · · 시원 · · · · ·

돌멩이가 · · · · · · · · · · · · · 순간 · · · · · · · ·

내려오기도 · · · · ·

· · · 흘러 · · · 골짜기를 · · · · · · ·

1차 스킵훈련 12

속독을 위한 중심낱말 인지 훈련

그곳은 · · · · · · · · · · · · · · · · · 송사리 · · · · · · ·

헤엄쳐 · · · · · · · ·

· · · 송사리 · · · · · · · · · · · · · · · 다가오더니 · · ·

· · · 꿀꺽 · · · · · · ·

· · · · · · · 송사리 배로 · · · · · · · · · 깜짝 놀랐· · ·

· · · · · · · · 물방울은 · · · · · · 아가미로 · · · · · · ·

· · · · · ·

· · · · · · · · · 물을 · · · · · · ·

물방울· · · · · · · · 물방울에게 · · · ·

· · · · · · · · · 숨을 · · · · ·

· · · 물속에서 · · · · · ·

· · · · · · 이야기를 · · · · · · · · 큰 강으로 · · · · · · · · ·

· · · 한참을 · · · · · · · · · · 높은 곳에서 · · · · · · · · · ·

· · · ·

물방울은 · · · · · · ·

· · · · · · 소리를 · · · · · ·

이게 뭐지 · · · · · · · · · 겁에 질린 · · · · · · ·

옆에 있던 · · · · · · · · · ·

· · · · · ·

· · · · · · 전기를 · · · · · · ·

1차 스킵훈련 12

속독을 위한 중심낱말 인지 훈련

· · 우리가 · · · · · · · · · · · · · ·

· · · · · · · · 수력 발전소야

· · · · 발전소를 · · · · · · · · · · · · · · · · · · · 전기를 · · · · ·

· · · · · ·

· · · · · ·

· · 물방울들 · · · · · · · · · · ·

· · · 계속 흘러 · · · · · · · · · · 저수지로 · · · · · · · · · · · ·

저수지 근처 · · 농부가 · · · · · · · · · · ·

· · · · · · · · 수박을 · · · · · · · · · · · · · 잘 익은 수박들이

· · · · · · · · · · · · · ·

어느덧 · · · · · · 저수지에 · · · · · · ·

· · · · · 농부는 · · · · · · · · · · · · · · · · · 저수지 · · ·

물통을 · · · · · · ·

· · · 저수지에 · · · · · · · · · · 물방울은 · · · · · · · · · ·

· · · ·

농부는 · · · · · · · · · · · · 수박밭이 · · · · · · · · · ·

· · · · · · · · 물을 · · · · · · · · · · · · · 물방울 ·

수박밭으로 · · · · · · · · · ·

수박은 · · · · · · · · · · · 물방울을 · · · · · · · · · ·

· · · · · · · 줄기를 · · 수박으로 · · · · · ·

1차 스킵훈련 12

속독을 위한 중심낱말 인지 훈련

· · · 물방울도 · · 빠져나올 · · · · · · ·

수박이 · · · · · · · · · · · · · · · · · 머물러 · · · · · · ·

· · · · · · · · · · · ·

· · · 발걸음 · · · · · · · · · · · · · · · · · · 수박을 · · · ·

· · · · · · ·

사람들이 수박을 · · · · · 말을 · · · · · · ·

· · · · · · · · · · 사는 · · · · · · ·

· · · · 잘 · · · ·

· · · · · 수박을 · · · 쪼개는 · · · · · · ·

· · · 사람들은 · · · · · · · · 나누어 · · · · · · · · · · · · ·

먹습 · · · · · · ·

· · · 몸에는 · · · · · · · · · · 구성되어 · · · ·

몸속의 · · · · · · · · · · · 돌아다니고 · · · · · · · · · · ·

· · · 물은 · · · ·

· · · 매일 · · · · · · · · · · · 혈액 세포 · · · · · · · · ·

· · · 순환 · · ·

· · · · · · · 수박과 · · · · 입속으로 · · · · · · · · ·

· · · · · 목구멍을 · · · · · · · · · · 함께 · · · · · · · · ·

· · 핏줄 속으로 · · · · · · · ·

· · · · · · · · · · 몸속을 · · · · · · · · · 뱅글뱅글 · · · ·

1차 스킵훈련 12

속독을 위한 중심낱말 인지 훈련

돌아다녔 · · ·

· · · · · 너무 많이 · · · · · · · · · · · · · · · · · · 사람 몸 · ·

열이 · · · · · · · · · · ·

· · · · · · · · · 땀구멍이 · ·

· · · · · · · · · · · 밖으로 · · · · · · 땀구멍을 · · · · · ·

· · · · · · · · · · · 통하여 · · · · · · · · · · · 빠져나왔 · · · · · · ·

· · · · · · · 땀이 · · · · · · · 살갗에 · · · · · ·

사람들은 · · · · · · · 부채질을 · · · · · · · ·

· · · · · · · 수분이 · · · · · · 가벼워지고 · · · ·

· · · · · · · · · · · · · · · · · 부채 바람 · · · · · · 공중 · ·

날아 · · · · · ·

· · · · · · · 하늘로 · · · · · · · · 올라가고 · · · · ·

· · · · · 올라갈수록 · · · · · 아이 추워

· · · · · · · · · · · 더욱 높이 · · · · · · ·

· · · 올라가 보니 · · · · · · · · · 옹기종기 · · · · · · · · · ·

· · · · · · 함께 · · ·

물방울들은 · · · · 모여

모여진 · · · · · · · · · · · · · 구름이 · · · ·

· · · · · · · · · 무거워졌습니다

· · · · · 우두둑 · · · · · · · · · · 비가 되어 · · · · · · · ·

1차 스킵훈련 12

속독을 위한 중심낱말 인지 훈련

· · · · · · ·

· · · · · · · 비가 · · · · · 떨어 · · · · · · ·

하늘로 · · · · · · · · · · · · · · · · · · · 넓은 바다에 · · · · · · · · ·

· · · ·

· · · 넓고 · · · · · ·

바람 · · · 감사합 · ·

· · · · · · ·

· · 소원을 · · · · · · · 감사합니다

· · · · · · · 바닷물이 · · · · · · · · · · · · · · 감사를 · · · ·

· · · · · · · · · · · · · · · · · 자랑스러웠습니다

· · · · · · · · · · · · · · · · · · 꿈을 · · · · · · ·

· 큰 바다에 · ·

· · · · · ·

넓은 바다에서 · · · · · · · · · · · · · · · · ·

· · · · · · · · · · · · · · · · 비비추 · · · · · · · · · 바닷물로 · · · · · ·

· · · · · · 끝

최초 측정 시간	분 초

‘비비추의 소원’ 중심 낱말 인지 훈련을 마치고
다음 훈련은 230쪽으로 이동하세요

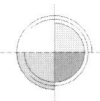

속독을 위한 중심낱말 인지 스킵훈련 기록표

▶ 시간이 단축될 수 있도록 소요시간을 꼭 기록하세요.
▶ 실력이 향상되도록 같은 내용을 반복 훈련하세요.

비비추의 소원

속독 스피드훈련 측정기록란

※ 매 3회 실시

[스피드측정 1]

1차 초 | 2차 초 | 3차 초

[스피드측정 2]

4차 초 | 5차 초 | 6차 초

속독 자율훈련 측정기록란

[자율훈련 1]

1차 초 | 2차 초 | 3차 초

[자율훈련 2]

4차 초 | 5차 초 | 6차 초

[자율훈련 3]

7차 초 | 8차 초 | 9차 초

1차 스킵훈련 13

속독을 위한 중심낱말 인지 훈련

해가 거기에 있는 이유

하늘은 · · · · 가을 · · ·

9월 · · · 토요일 · · ·

해가 뜨는 · · · · · · · · 6시 13분 · · ·

해가 지는 · · · · · · · · 6시 24분 · · ·

· · · 풍경은 · · · · · · · · · · · · · · · · 어선들이 · ·

바다로 · · · · · · · · · · 장관을 · · · ·

· · · 일출시각 · · · · · · · ·

· 해가 · · · · · · · · · 주홍색으로 · · · · · · · · · · · · ·

붉게 · · · · · · ·

해 · · · · 바다 · · · · · · · 인사를 · · ·

· · · · · · · ·

· · 안녕하세요

둘은 · · · · · · · · 가까운 친구 · · · · ·

· · · · · · · ·

해 아저씨와 · · · · · · · · · · · · 이야기를 · · · · · · · · · · ·

시간이 · · · · · 헤어지게 · · · · ·

헤어지기가 · · · · · · · · · · · · · · · · · · 초대하기로 · · ·

· · · 우리 집 · · · · 놀러 · · ·

1차 스킵훈련 13

속독을 위한 중심낱말 인지 훈련

· · · · · · · 대답을 · · · ·

· · · · · · · · · · · 아이들이 · · · · · · · · 없을 것 · ·

· · · · · · · 놀러 와

우리 집은 · · · · · · · · · ·

· · · · · 모두 · · · · · 괜찮으니 · · · · · ·

해 아저씨는 · · · · · 말을 · · · ·

· · · 며칠이 지나 · · · · · · · · · · · · · · · · · · 응하기로 · · · · ·

바다 아저씨는 · · · · 집에 가서 · · · · · · · · · · · ·

· · · · · · · · · · · · · ·

· · · 초대 · · 이렇게 왔네

· · · · · · 반갑네

· · · · · · · · · · · 마음에 · · · · · · ·

· 문을 여는 순간 · · · · · · · · · · · · · 오징어 · · · · · · ·

불가사리 · · · · · · · · · · 들어오는 · · · · · ·

바닷물과 · · · · · · · · 아이들이 · · · · · · · · · · · · · · · ·

· · · · · 무릎까지 · · · · · · ·

물이 · · · · · · · · · · · · · · 가득하였네 · · · ·

· · · · · · · · · ·

· · · · 미역 · · · · ·

· · · · 꽃게 · · · · ·

1차 스킵훈련 13

속독을 위한 중심낱말 인지 훈련

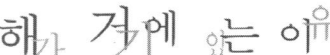

미역과 꽃게 · 인사를 · · ·

· · · · · · · · · · · · 인사를 · · · · · · · · · · · 걱정이 · · · · · ·

· · · · · · · · · · · · · 물은 · · · · · · · · · · · 들어와 · · · · · ·

가슴까지 · · · · · · ·

· · · · · 물은 점점 · · · · · · · · · · · · · · · · · · · 높아져만 · · ·

해 아저씨의 집이 · · · · · · · · 엉망이 · · · · · · · · · · · · · · ·

· · · 물살이 · · · · · · ·

· · · · ·

해 아저씨는 · 깜짝 놀라 ·

창문 쪽으로 · · · · · · ·

· · · · · · · · · · · · ·

· · · 얌전히 · · · · ·

바닷가재 · · · · · 이야기해 · · · · · ·

몸이 별 · 안심을 · · · · ·

· · · · · · · · · 안심 · · ·

물은 · · · · · · 해 아저씨의 · · · · · · · · · · · · ·

· · · · · 큰일 · · · ·

· · · · · · · · · · · 결심을 · · · · ·

· · 탈출해야 · · · ·

해 아저씨는 · · · · · · · · · · · · · 지붕 위로 · · · · · · ·

1차 스킵훈련 13

속독을 위한 중심낱말 인지 훈련

· 지붕이면 · · · ·

· · · · · · · 많더라도 · · · · · · · · · 없을 · ·

· · · 안심할 · · · · · ·

· · · · · · · 바다 속에 · · · · · · 아이들은 · · · · · · · ·

해 아저씨는 · · · · · · · 아무리 · · · · · · · · · · · · · · ·

· · · · ·

· · · 바닷물이 · · · · · · · · · · · · · · · · 올라오고 · · · · · ·

· · · · · · · · · 피신하자

해 아저씨는 · · · · · · · · 하늘까지 · · · · · · · · · ·

· · · · 안심이 · · · · · · · · · · · · 하늘로 높이 · · · · · · · · ·

· · · · · · · · 따라오지 · · · · · · · · · · · · · · 아주 멀리멀리 산을

· · · · · 하늘로 · · · · · · ·

다시는 내려오지 않고 · · · · · · · · · · · · · · · · ·

하늘나라에서 · · · · · · · · ·

살았답니다 끝

최초 측정 시간	분 초

'해가 거기에 있는 이유' 중심 낱말 인지 훈련을 마치고
다음 훈련은 241쪽으로 이동하세요

속독을 위한 중심낱말 인지 스킵훈련 기록표

▶ 시간이 단축될 수 있도록 소요시간을 꼭 기록하세요.
▶ 실력이 향상되도록 같은 내용을 반복 훈련하세요.

해가 거기에 있는 이유

속독 스피드훈련 측정기록란

※ 매 3회 실시

[스피드측정 1]

1차 초 | 2차 초 | 3차 초

[스피드측정 2]

4차 초 | 5차 초 | 6차 초

속독 자율훈련 측정기록란

[자율훈련 1]

1차 초 | 2차 초 | 3차 초

[자율훈련 2]

4차 초 | 5차 초 | 6차 초

[자율훈련 3]

7차 초 | 8차 초 | 9차 초

1차 스킵훈련 14

속독을 위한 중심낱말 인지 훈련

자동차 이야기

자동차는 · · · · · · · · ·

· · · 옛날에는 · · · · · · · · · · ·

· · · · 사람들은 · · · · · · · · ·

· · · · · · · · · · · · · · · · · · · 저잣거리 · · · · · · · 걸어서

· · · · · · · ·

버스도 · · 자전거도 · · · · · · ·

짚신을 · · 봇짐 · · · · · · · 길을 · · · ·

· · · 먼 곳 · · · · · · · · · · 자동차를 · · · · · ·

· · · · · · · · · · 조상님들도 · · · · · · · · · 걸어서 · · · · · ·

· · · · · · · 힘이 · · · · · · · · · · 건강에 · · · ·

어떻게 하면 · · · · · · · · · · · · · 방법이 · · · ·

옛날 · · · · 고민을 · · · · · · ·

· · · · · · · · 가마를 · · · · · · · ·

· 가마는 · · · · · · · · · · · · · · · 뒤에 · · · · · · ·

· · 가야 · · · ·

임금님이 · · · · · · · · · ·

· · · · · · · · · · · · 군사는 · · · · · ·

가마는 · · · · · · · · · · · · · · 힘이 · · · · · ·

· · · · 사람들은 · · · · · 걸어서 · · · · · · · · · · · ·

1차 스킵훈련 14

속독을 위한 중심낱말 인지 훈련

· · · 타고 있는 · · · · · · · · · · · · · · 가마를 들고 · · · · · · ·

· · · · · 좋은 방법을 · · · · · · ·

· · · · · · · · · · 말을 · · · · · · · · · · · · · · · 생각합니다

· · · · · · · · · · · · · · 다닐 · · · · · · · · · · · 편할까요

· · · · · 말을 · · · · 타고 · · · · · ·

· · · · · · · · · · · · · · 여행을 · · · · · · · · 다리가 · · ·

· · · · ·

먼 길은 · 힘이 · ·

지쳐서 · 나은 방법을 · ·

· · · 세월이 · · · · · ·

사람들은 · · · · · · 생각을 · · · · ·

· · · · · · 동물들을 · · · · · · · · · · 빨리 · · · · · · · · ·

고민하기 · · · · · · ·

· · · · · 바퀴가 · · · · · · 만들게 · · · · · ·

· · · · · · · 인력거 · · · ·

· · 사람들은 · · · · · · 인력거를 · · · · · · · ·

· · · · · · · · · · · · 인력거꾼이 · · · · · · · · · · · · · ·

· · · 사람들은 · · · · · · · · · · · · · · · · · 방법이 · · ·

생각 · · · · ·

· · · · · · · 자동차 · · ·

자동차는 · · · 들고 · · · · · · · · · 끌고 · · · · · · · · · · ·

1차 스킵훈련 14

속독을 위한 중심낱말 인지 훈련

· · · · · · · · · · · · · · · 빨리 · · · · · · 여러 사람이 · ·

탈 수 · · · · · · · · · · ·

· · · · · · 절약되며 · · · · · · · 신나게 · · · · · · · · · · ·

· · · · · · · · 편하기만 · · ·

· · · · · · · · · · · · 환경오염이 · · · · · · · · · 건강을 · · ·

· · · ·

· · · · · · · · 환경을 보호하기 · · · 차 없는 날 · · · · · · · ·

· · · · · · · · 차 없는 날 · · ·

자가용을 · · · · · · · · · · · · · · · 환경캠페인 · · ·

· · · · · 프랑스에서 · · · · · · · · · · · · · · · 도시가 참여 · ·

· · · ·

사람들은 · · · · · · · · · · · · · 자전거를 · · · · · · · · ·

· · ·

서울은 · · · · · · · · · · · · · · 매연이 · · · · · · · · ·

· · · · · · · 고민 · · ·

환경오염 · · · · · · · · · 만들어 · · · · · 끝

최초 측정 시간	분 초

'자동차 이야기' 중심 낱말 인지 훈련을 마치고
다음 훈련은 249쪽으로 이동하세요

속독을 위한 중심낱말 인지 스킵훈련 기록표

▶ 시간이 단축될 수 있도록 소요시간을 꼭 기록하세요.
▶ 실력이 향상되도록 같은 내용을 반복 훈련하세요.

자동차 이야기

속독 스피드훈련 측정기록란

※ 매 3회 실시

[스피드측정 1]

1차 초	2차 초	3차 초

[스피드측정 2]

4차 초	5차 초	6차 초

속독 자율훈련 측정기록란

[자율훈련 1]

1차 초	2차 초	3차 초

[자율훈련 2]

4차 초	5차 초	6차 초

[자율훈련 3]

7차 초	8차 초	9차 초

1차 스킵훈련 15

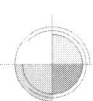

속독을 위한 중심낱말 인지 훈련

뺑이요!

뺑 이요

· 소리는 · · · · · · · ·

아저씨가 · · · 소리 · · ·

뺑튀기 · · · · · · · · · · · · · · · · 거짓말을 · · · · · · · ·

· · · · 생각 · · · ·

뺑튀기는 · · · · · · · · · · · · · · · · 가열하여 · · · · · · · ·

· · 과자 · · ·

· 어떤 · · · · · · · 부풀리는 일을 · · · · · · · ·

헛소문을 · · · · · · · · · · · · · · · · 행동 · · ·

· · · · · · · 영철이네 · · · · · · · · · · · · · · · · 강냉이가 ·

· · · · · · · · · · · · 귀를 막고 · · · · · · · · · · · · · · ·

대포소리처럼 · · · · · · · · · · · · · · · · 한 양동이 · · · · · ·

· · 강냉이 · · · 재미 · · · ·

· · · · · · · · · · · · · · · 기다리고 · · · · ·

일주일 · · · · · · · 뺑튀기 · · · · · · · · · · · · ·

· · · · 창 밖의 · · · · · · 기울 · · · · · · ·

· · 뺑 · · · · · · · · · · · · · 가슴이 · · · · · · ·

1차 스킵훈련 15

속독을 위한 중심낱말 인지 훈련

· · · 영철이가 · · · · · · · · 소리와 함께 · · · · · ·

· · · · · ·

영철이는 · · · · 밖으로 · · · · · ·

· · · · · · · · · 미소를 · · · · · · · · · 튀밥 · · · · · · ·

· · · · · ·

· · · 눈처럼 · · ·

튀밥은 · · · · · · · · · · ·

· · · 하얀 · · · · · · · · 바라보았습니다

아저씨는 · · · · · · · · · 자루에 · · · · · · · ·

· · · · 영철이가 · · · · · · · · · 튀밥 통에 · · · · · · · ·

두 손으로 · · · · · · · · · · · 내미는 · · · · · · ·

· · · · · · · · · 입이 · · · · · · ·

· · · · · · 고맙습니다

인사를 · · · · · · · · · · · · · · · 튀밥을 · · · · · ·

· · · · · · · · · · · · 온기가 · · · · · · ·

영철이의 · · · · · · · · · · · · · · · · · ·

· · · · · · · · · · · · · · 싸우는 것 · · ·

· · · · 너무 많이 · · · · · ·

인심 · 손이 작으니

· · · · · · · · · 당연 · · ·

1차 스킵훈련 15

속독을 위한 중심낱말 인지 훈련

· · · 입가에 · · · · · · · · · · · ·

· · · 하얀 튀밥 · · · · · · · · · · · · 쭈그리고 · · · · · · ·

· · · · 모습을 · · · · · · · · ·

· · 대포처럼 · · · · · · · · · · 쌀을 · · · 단맛을 · ·

당원을 · · · · · · · · · · · · · 쇠뚜껑을 · · · · · · · · · · ·

· · · 기계에 · · · · · · · · · · · 손잡이를 · · · · · · ·

쏴아 · · · · · · · · · · 기계는 · · · · · · · · · · · · · · · · ·

· · · · · · · 시간이 · · · ·

· · · 손을 · · · · · · · · · · · 귀를 · · · ·

영철이는 · · · · · · · 두 손으로 · · · · · · ·

· · · 몸을 · · · · · · · · · 가늘게 · · · · · · · · · · · · · ·

· · · · · · ·

· · · · · · · 커다란 망으로 · · · · · · 기계에 · · · · · · · ·

큰 소리 · · · · ·

· · · · · · · · · · 소리와 · · · · · · 흰쌀이 · · · · · · · · ·

· · · 긴 망 · · · 춤을 추듯 · · · · · · · · · ·

· · · · · · · 신기해서 · · · · · · ·

· · · · · · · · · · · 튀밥을 · · · · 나누어 · · · · ·

아이들은 · · · · · · · · · · · · ·

아작아작 · · · · · · · · · · · · · · 고소한 · · · · · · · · · · · · ·

빵이요!

1차 스킵훈련 15

속독을 위한 중심낱말 인지 훈련

· · · 어느 날 · · · · ·

· · · · · · · · · · · · 가게가 · · · · · · ·

· 가게에는 · 과자들을

· · · · ·

· · · · 달콤한 · · · · · · · · · 사먹기 · · · · · · ·

· 가게 · · · · · · · · · · · · · · 줄어만 · · · ·

인심 좋은 · · · · 밝은 모습은 · · · · · · · ·

· · · · · · · 손님이 · · · · · · 어려워졌 · · ·

아저씨는 · · · · · · · · 담배를 · · · · · · · · · · · · · · ·

한숨을 · · · · · · · · · · · · ·

· · · · · · · · · · · · · · · 기운이 · · · · · · · 걱정이 · · · · ·

· · · · · · · · · 사탕과 빵 · · · · · · · · ·

· · · 친구들은 · · · · · · · · · · · · · · · · 맛있다고 · · ·

· · · ·

· · · 사먹는 · · · · · · · 미웠습니다

· · · · · · · 파는 · · · · · · · 먹고 싶지 · · · · ·

· · · · · · · · · 엄마들이 · · · · ·

엄마들은 · · · · · · · · · · · · 건강에 · · · · · · · · · · ·

· · · · ·

· · · · · · · · · 사탕을 · · · · 이가 다 썩었 · ·

1차 스킵훈련 15

속독을 위한 중심낱말 인지 훈련

· · · · · · · · · · · · · 치과에 · · · · · ·

의사 선생님이 · · · · · · · · · · · · · · 썩은 · · ·

· · · · · · 우리 아이도 · · · · · · · · · · · · 사주지 · · · · · ·

· · · · · · 아이스크림을 · · · · · · · · · 배탈이 · · ·

· · · · · 소아과에 · · · · · · · · · · 찬 것을 · · · · · · · · · ·

· · ·

동네 아주머니들은 · · · · · · · · · · · · 먹지 않는 · · · · · · ·

· · · 이야기를 · · · · · · ·

· · · 친구들을 · · · · · · · · · · · · 결심을 · · ·

· · · · · · 아무리 먹어도 · · · · · · · · 배탈도 · · · · · · · ·

쪽지에 · · · · · ·

· · · · · · · · 튀밥을 · · · · ·

· · 너희도 · · · · · · · · · · · · 이빨이 썩지 · · · · · · · · · · · 우리

몸에 · · · · · · · · 과자라는 · ·

· · · · · · · 자주 먹자

뻥튀기 · · · · · · · · · ·

· · · · · · · 우리 동네에 · · · · · · · · 울려 퍼지게 · · · · · ·

· · · · · · · · · 말에 · · · · · · ·

· · · · · · 병원에 · · · · · · · · 건강하게 · · · · · · ·

병원에 · · · · · · · · · 반가운 · · · · · · · · · · ·

빵이요!

1차 스킵훈련 15

속독을 위한 중심낱말 인지 훈련

· · · · · · 약을 · · · · · · · · · ·

· · · · · · · 약속을 · · · · · · · 과자를 · · · · · · · ·

· · · · · ·

· · · 하루가 · · · · · ·

영철이는 · · · · · · · 궁금해서 · · · · · · · ·

아이들은 · · · · · · · · · · 떡국에 · · · · · · · · · · · ·

가지고 · · · · · · · 줄을 · · · · · · ·

오랜만에 · · · · · · · 밝은 모습 · · · · · ·

· · · · 빵이요 · · · · · · · · · · · · · · 즐거워하고 · · · · ·

하얀 튀밥은 · · · · · · · · · · 힘차게 · · · · · · · · ·

· · · · · · 끝

최초 측정 시간	분 초

'빵이요!' 중심 낱말 인지 훈련을 마치고
다음 훈련은 256쪽으로 이동하세요

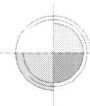

속독을 위한 중심낱말 인지 스킵훈련 기록표

▶ 시간이 단축될 수 있도록 소요시간을 꼭 기록하세요.
▶ 실력이 향상되도록 같은 내용을 반복 훈련하세요.

빵이요!

속독 스피드훈련 측정기록란

※ 매 3회 실시

[스피드측정 1]

1차 초 | 2차 초 | 3차 초

[스피드측정 2]

4차 초 | 5차 초 | 6차 초

속독 자율훈련 측정기록란

[자율훈련 1]

1차 초 | 2차 초 | 3차 초

[자율훈련 2]

4차 초 | 5차 초 | 6차 초

[자율훈련 3]

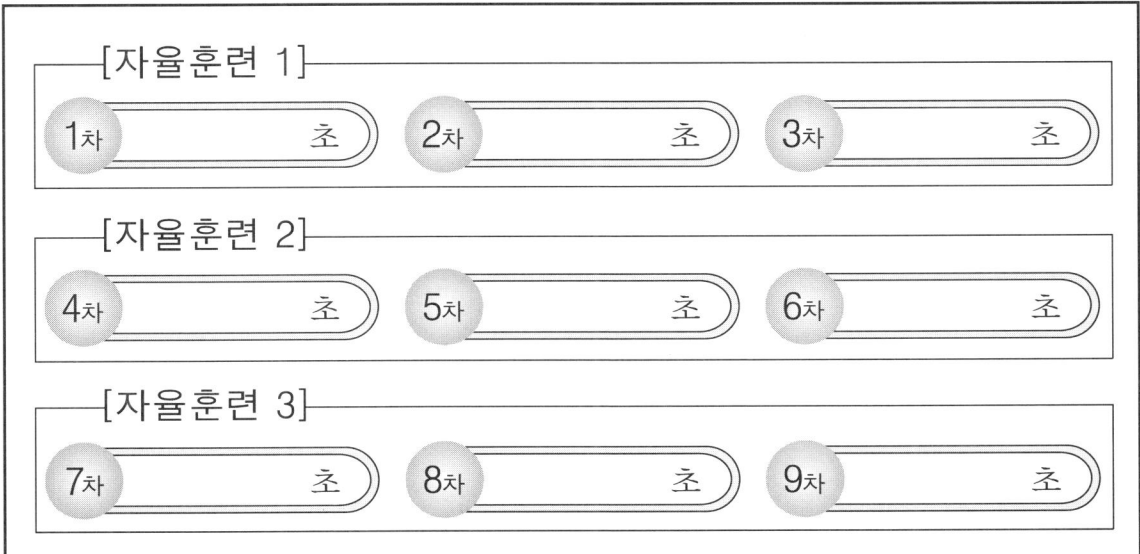

7차 초 | 8차 초 | 9차 초

1차 스킵훈련 16

속독을 위한 중심낱말 인지 훈련

무엇을 타고 갈까요?

· · · · · · · 생일 선물로 · · · · · · · · · · 세발자전거 · · · ·
· · ·

자전거는 · · · · · · · · · 두 발로 · · · · · · · · · · · · · · ·

앞으로 · · · · · · · · · · ·

· · · 동네슈퍼에 · · · · · · · · · · 타고 · · ·

동네놀이터 · · · · · · · · · · 타고 · · ·

· · · · · · · · · · · · 발이 · · · · · · · · ·

윤수는 · · · · · · · · · · · · 좋아합 · ·

· · · · · · · 벨을 · · · 씽씽 · · · · · ·

· · · 타고 달리는 · · · · · · · · · · · 자가용 · · ·

자전거는 · 편리한지 · · · ·

· · · 차가 · · · · · · 길에서는 · · · · · · · · · · ·

언제 · · · · · · · · · 큰 차가 · · · · · · · · · ·

· · · 위험하니 · · · · 조심해라

엄마는 · · · · · · · · 주의를 · · · ·

· · · · · · · 외출 · · · 버스를 · · · · ·

세발자전거로는 · · · · · · · · · · · · · ·

버스는 · · · · · · · · · · · · · · · · · · 대형의 · · · · · ·

1차 스킵훈련 16

속독을 위한 중심낱말 인지 훈련

· · · · 종류는 · 고속버스 등 · · · · · ·

· · · · · · · · · · · · · 시내버스를 · · · · · ·

어떤 날 · · · · · · · · 병원 · · · · · · · · · · ·

· · · · · 할인점 · · · · · · · · · · ·

외할머니를 · · · · · · · · · · · · · · · · · · 갈아타야 · · · ·

자전거보다 · · · · · · · · · · 빨리 ·

· · · 편리 · · · · · · · · · · · · · · · · 택시를 · · · · · · · · · · · · · ·

택시는 · 요금을 · · · · · · · ·

· · · · · · · ·

택시는 · 좋지만 · · · · · · · · ·

비쌉니다

· · · · · · · · 땅 밑으로 · · · · · · · · · · ·

땅 밑으로 · · · · · · · · · · · · · · · · · · · 지하철이라 · · · ·

· · · · · 지하철도의 · · · · · · · · · ·

· 굴을 파서 · · · · · · · · · · ·

· · · · · 달리는 · · · · · · · · · · · · · · 재미있 · · · ·

철로 · · · · · · · · · · · · 기차랑 · · · · · ·

역을 · · · · · · · · · · · · · · · · · · · 여행하는 · · · · · · · ·

· · · · · · · · · · · · · · 빨라서 ·

꼬리가 · 신기합니다

1차 스킵훈련 16

속독을 위한 중심낱말 인지 훈련

도시 · · · · · · · · · 빌딩이 · · · ·

빌딩은 · · · · · · · · · · · · · 고층건물 · · ·

· · · · · · · 숲은 · · · · · · · · · · · · 건물들이 · · · · · ·

도시가 · · · · · · · ·

· · · 내 키보다 · · · · · · · · · · · · 신축하는 · · · · · ·

· · · · · · ·

· · 건물은 · · · · · · · · ·

걸어서 · · · · · · · · ·

· · · 사다리를 · · · · · · · 빠를까 ·

· · · · · · · · · · · 걸어서 · · · · · · · · · · 아파서 · · · · · · ·

· 없을 것 · · · ·

· · · · · 엘리베이터를 · · · · · · · · · ·

· 동력에 · · · · · · · · · ·

· · · · 이동시키는 · · · · · · · ·

승강기라고도 · · ·

엘리베이터 · · · · · · · · · · · · · 편리합 · ·

백화점 · · · · · · · · · · · · · 안내원 · · · · · · · ·

빌딩 안에 · · · · · · · · · · · · · · · · · 사무실을 · · · · · ·

안내하는 · · · · · · · · · 친절하게 · · · · · · · · · ·

먼 곳을 · · · · · · 기차를 · · · · ·

1차 스킵훈련 16

속독을 위한 중심낱말 인지 훈련

· · · 강물도 · · · · · · · · 산도 뚫고 · · · · ·

· · · · 갈 수 · · · · · · ·

· · · · · · · · · 철교가 · · · · · · · · · · 산을 · · · · ·

터널이 · · · · · · · · · · · · · · ·

기차를 · · · · · · · · · · · · · · · · 구경하면 · · · · · · · ·

· · · 사람들은 · · · · · · ·

· 멀리 · · · · · · 비행기를 · · · · ·

· · · · 프로펠러를 · · · · · · · · · · · · · 하늘을 · · · · · · ·

비행기는 · · · · · · · · · · · 목적지까지 · · ·

· · · · · · 구름 위를 · · · · · · · · · · · 재미있 · · ·

· · · · · · · · · 상상을 합 · ·

· · · · · 낙하산을 · · · · · · · · ·

· · · · · · · · · ·

우산모양의 · · · · · · · · · · · · · · · · · · 새가 · · · · · ·

· 같습니다

· · 바다를 · · · · · · · · · · · · 건너 갈 수 · · · ·

고래 등을 · · · · ·

거북이 등을 · · · · ·

· · · · · · · 돛단배를 · · · · · · ·

이런 것들을 · · · · · · · · · · · · 바다에 · · · · · · · ·

1차 스킵훈련 16

속독을 위한 중심낱말 인지 훈련

· · · · 위험 · · ·

· · · 큰 배를 · · · · · · · 안전합 · ·

· · · · 여객선이 · · · 바닷길로 · · · · ·

여객선은 · · · · · · · · · · · 목적으로 · · · · · · ·

배 안에 · · · · · · 시설이 · · · · · · · · · · · · · · · · · · ·

바다를 · · · · · · · · ·

· · · · · · · · · · · · 구경하려면 · · · · · · · · ·

잠수함을 · · · · · · · · · · ·

잠수함은 물속에 · · · · · · · 물 위에 · · · · · · · · · · · · ·

· · · · · · · · · · · · 물이 들어 · · · · · · · · · 물고기들 ·

구경할 · · · · · · · · · · · ·

잠수함관광은 · · · · · · · · · · · · · · · · · 바다세계를 · · · ·

· · · ·

바다 속에는 · · · · · · · · · · 종류의 · · · · · · · · · · · · ·

자랑하고 · · · ·

· · 산호초 · 물고기들이 · ·

· · · ·

· · · · 달나라에는 · · · · · · · 궁금합니다

· · · · · · 달나라에 · · · · · · ·

· · · · · · · · 우주선을 · · · · · · · ·

1차 스킵훈련 16

속독을 위한 중심낱말 인지 훈련

우주선은 · · · · · · · · · · · · · · · 비행하게 · · · · · ·

우주선· · · · · · · · · · · 우주 비행사가 · · · · · · ·

· · · 우주선을 · · · · · · · · · · · · · · · · · · · 구경· · · ·

· · · · ·

· · · · · · · · · 별들도 · · · · · · · ·

보석처럼 · · · · · · · · · · · · · · 아름다울· ·

· · · · · 초승달은 · · · 잠을 · · · · · · ·

밤하늘은 · · · · · · · · · · · 끝

최초 측정 시간	분	초

'무엇을 타고 갈까요?' 중심 낱말 인지 훈련을 마치고
다음 훈련은 266쪽으로 이동하세요

속독을 위한 중심낱말 인지 스킵훈련 기록표

▶ 시간이 단축될 수 있도록 소요시간을 꼭 기록하세요.
▶ 실력이 향상되도록 같은 내용을 반복 훈련하세요.

무엇을 타고 갈까요?

속독 스피드훈련 측정기록란

※ 매 3회 실시

[스피드측정 1]

1차 초 2차 초 3차 초

[스피드측정 2]

4차 초 5차 초 6차 초

속독 자율훈련 측정기록란

[자율훈련 1]

1차 초 2차 초 3차 초

[자율훈련 2]

4차 초 5차 초 6차 초

[자율훈련 3]

7차 초 8차 초 9차 초

실전속독 스키밍 훈련

이해도 테스트 및 논술문제

* 속독은 시점을 중심에 두고, 시야를 확장한 상태로 한 줄의 글자를 최대한 많이 봅니다.

* 속독은 머리를 고정한 상태에서 눈동자를 살짝 좌·우로 움직여 글의 내용을 이해하는 훈련입니다.

* 속독은 시야의 흐름을 미끄러지듯이 한 줄씩 빠르게, 순간 이동하여 훈련입니다.

* 속독은 중심 낱말과 주변의 글자를 포함하여 내용을 함축하고 인지하는 훈련입니다.

* 속독은 한 줄 또는 두 줄 이상을 중첩하여서 한 눈에 보고, 빠르게 연결하여 내려가는 훈련입니다.

* 속독은 이해 중심으로 순간 인지하고 빠르게 수직(아래쪽 방향)으로 이동하는 훈련입니다.

* 속독은 '스키밍' 기법으로 최초 훈련할 때, 1회만 이해도 테스트합니다.

* 속독은 '스키밍' 기법으로 같은 내용을 반복 훈련하여 기록을 단축합니다.

* 속독은 반복 훈련을 10회 이상 끝난 후, 논술 문제를 테스트합니다.

2차 스키밍 훈련 1

실전속독 훈련 및 이해도 테스트

나비로 변신한 초록벌레

애벌레는 추운 겨울 나뭇가지에서 갈색 형 번데기로 몸을 감싸고 있다가 봄에 화려한 나비로 변신합니다.
곤충의 애벌레는 성장과정에서 4차례의 잠을 자게 되며 잠을 자고 나면 탈피를 하고 몸집도 커집니다.
잠은 24시간 자며 4령이 되면 번데기(용화)가 되며, 한참 잘 때마다 1령, 2령, 3령, 4령으로 부르며 령의 기간은 6일 정도입니다.
나비는 알, 애벌레, 번데기 성충의 과정을 거치는 곤충입니다.
번데기가 나비 되는 과정을 우화(날개돋이)라고 합니다.
"푸른 잎사귀 위를 천천히 기어가는 애벌레, 얘가 날개가 달린 나비로 변신한다는데 신비하네!"
"엄마! 진짜야?"
애벌레에 대한 책을 보다 짱이는 궁금해서 엄마를 향해 질문합니다.
문화센터에서 구연동화를 가르치는 짱이 엄마는 짱이를 앉혀 놓고 직접
그린 그림을 보이면서 애벌레 이야기를 들려주기 시작합니다. [304자]

2차 스키밍 훈련 1

실전속독 훈련 및 이해도 테스트

엄마는 목소리를 가다듬고 첫 번째 그림을 보이며 이야기를 시작합니다.
달빛이 환하게 비치는 고요한 밤이에요.
커다란 나뭇가지에 대롱대롱 매달린 나뭇잎 뒤에 아주 작고 작은 알 하나가 붙어 있었어요.
알은 작고 예뻐서 작은 진주 보석처럼 생겼어요.
고요했던 어두운 밤은 지나가고 벌써 아침이 되었네요.
맑은 하늘에는 해님이 방긋이 웃으며 떠오르고 있었지요.
오늘은 일요일 아침이에요.
일주일을 일요일부터 시작하죠.
달력을 보니 일요일이 빨간 숫자로 되어 있어요.
왜 그럴까요?

일요일은 잘 쉬고, 월요일부터는 학생은 학교에서 공부하고, 어른은 일터에서 일하면서, 한 주일을 잘 보내라고 만들었어요.
나뭇잎에 붙어있던 작은 알이 어디 갔을까요? [564자]

2차 스키밍 훈련 1

실전속독 훈련 및 이해도 테스트

아주 작고 예쁜 애벌레가 알에서 나왔어요.
애벌레는 몸이 초록색입니다.
오늘은 월요일이에요.
초록 애벌레는 배가 고픈지 두 눈을 동그랗게 뜨고 여기저기 두리번거리면서 먹을 것을 찾기 시작하네요.
그러던 중 사과 하나를 발견했어요.
사과는 아주 빨갛게 잘 익은 사과였어요.
'음, 맛있겠다.'
입맛을 다시며 애벌레는 정신없이 사과 한 개를 다 먹어 치웠어요.

사과 한 개를 먹는 동안 벌써 하루가 지나갔어요.
'월요일은 원래 바쁜 날이니 시간이 빨리 지나갔을 거야'
하루가 지나니 화요일이죠.
'오늘은 화요일인데 무엇을 먹을까?'

애벌레가 잠시 생각해 봤어요.
'복숭아?'
머릿속에 복숭아가 떠올랐어요. [799자]

2차 스키밍 훈련 1

실전속독 훈련 및 이해도 테스트

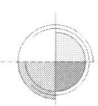

잘 익고 달콤한 복숭아를 먹기로 하였지요.

먹성이 좋은 애벌레는 허겁지겁 복숭아 두 개를 먹기 시작하였어요.

복숭아가 어찌나 달고 맛이 있는지 순식간에 두 개를 뚝딱 먹어 치웠어요.

애벌레는 복숭아 2개를 먹었으나 또 배가 고팠어요.

'내일은 더 맛있는 것을 먹자.'

3일째 되는 수요일이 되었어요.

'또 오늘은 무엇을 먹을까?'

고민하기 시작하였어요.

'탐스럽게 잘 익은 빨간 딸기를 먹자!'

애벌레는 딸기밭으로 꼬물꼬물 기어가기 시작했어요.

딸기밭에 도착하여 많은 딸기 중에서 제일 크고 잘 익은 딸기 세 개를 골라서 먹기 시작해요.

딸기를 맛있게 먹고 난 후에도 먹성 좋은 애벌레는 배가 몹시 고팠어요.

벌써 하루해가 지나가고 어둠이 내리기 시작하였어요.

'목요일이니 목이 터져라 먹어야지?'

'그래, 오늘은 목요일이니 목구멍으로 잘 넘어가는 과일을 먹어야지.'

'부드러우면서 맛있는 바나나가 좋겠지?'

애벌레는 바나나를 찾아 이리저리 돌아다녔어요.

그러던 중 네 꼭지가 달린 바나나를 발견하였어요.

'아, 찾았다. 맛있는 바나나!' [1,166자]

2차 스키밍 훈련 1

실전속독 훈련 및 이해도 테스트

애벌레는 바나나를 한 개씩을 떼어내고 그것을 통째로 들고 먹기 시작하였어요.
노랗게 익은 바나나가 정말 꿀맛 같았어요.
아주 맛있게 바나나 네 개를 다 먹고 나서도 여전히 배가 고팠어요.
'난, 항상 배고파!' 라고 생각하며 잠자리에 들었어요.
오늘은 금요일이죠.
애벌레는 오늘도 또 걱정이 되었어요.
'오늘은 무엇을 먹을까?'
"맛있는 과일이 또 뭐가 있을까?"
여러 생각 끝에 과일 중에 시원하고 물이 많은 달콤한 배를 먹기로 하였어요.

'오늘은 좀 더 많이 먹어야지!'
'배가 많이 달린 배나무로 빨리 올라가자.'
'가장 크고 물이 많은, 오늘은 어제보다 한 개를 더 먹어야지.'
'다섯 개를 먹자.' [1,391자]

2차 스키밍 훈련 1

실전속독 훈련 및 이해도 테스트

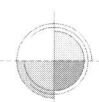

애벌레는 배가 얼마나 달고 맛있는지 꿀물이 줄줄 흘러나오는 것 같았어요.
다섯 개의 배를 다 먹었어도 여전히 배가 고팠어요.
애벌레는 먹보인가 봐요.
먹고 먹어도 배고프데요.
오늘도 온종일 먹느라고 하루를 헛되게 보냈어요.
'오늘은 일찍 자고 내일 아침 일찍 일어나서 맛있는 것을 많이 먹어야겠다.'
토요일의 아침 해가 떠올랐어요.
애벌레는 아침 7시에 눈을 떴어요.
'아이, 배고파!' 라고 작게 혼잣말을 하였어요.
애벌레는 배고파서 일찍 일어났어요.
'오늘은 토요일인데, 무엇을 먹을까?'
생각하고 또 생각하였어요.
'오늘은 여러 가지를 골고루 먹어야지!'
'오, 아몬드 초콜릿, 밀크 초콜릿, 레몬 초콜릿.'
'그리고 딸기 아이스크림, 체리 아이스크림, 호두 아이스크림, 바닐라 아이스크림, 팡팡 아이스크림.'
'박하사탕, 오렌지사탕, 녹차사탕.'
그래도 부족한 애벌레는 오이 한 개와 수박까지 먹어치웠어요.
애벌레는 자꾸 먹었는데도 배가 고팠어요.
그래서 케이크 하나를 먹고 햄버거까지 먹어 버렸어요.
애벌레야, 이젠 더는 못 먹겠지? [1,753자]

2차 스키밍 훈련 1

실전속독 훈련 및 이해도 테스트

하지만, 애벌레는 다시 도넛 한 개와 시루떡 한 조각을 먹고 나서 계란부침까지 먹고 있어요.

이렇게 여러 종류의 음식을 먹고 난 애벌레는 어떻게 되었을까요?

'아이, 배야 내가 너무 먹었나, 꼼짝도 못하겠네.'

애벌레는 배가 불러 움직일 수 없을 정도가 되었어요.

움직일 수가 없으니, 먹던 장소에서 잠을 자기 시작하였어요.

토요일이 지나고 일요일이 되었어요.

애벌레는 하룻밤이 지나서야 조금씩 움직일 수가 있었어요.

서서히 움직이기 시작하니 또 배가 고팠어요.

초록빛이 선명한 커다란 잎사귀를 찾았어요.

'이 잎사귀는 너무나 깨끗하고 싱싱하군.'

애벌레는 손과 발로 잎사귀를 꼭 움켜쥐고 '아작아작' 아주 맛있게 먹기 시작하였어요. [2,003자]

2차 스키밍 훈련 1

실전속독 훈련 및 이해도 테스트

이상하게도 오늘은 배고프지 않나 봐요.
그렇게 다 먹고 나니 이제는 배가 고프지 않았어요.
애벌레는 어느덧 크고 통통하게, 살이 조금 찌긴 했지만 귀엽고 건강하게 자란 애벌레가 되었던 것이었어요.

다 자란 애벌레는 자기 몸 주위에 작은 집을 짓기 시작하였어요.
입에서 작은 실을 뱉어내어 자기 몸이 땅으로 떨어지지 않도록 단단하게 실로 꽉 매어 두었어요.
애벌레는 허물을 벗기 시작하였어요.
애벌레는 자기의 몸을 보호하기 위한 집을 지었어요.
'고치' 라는 집에서 이주일이나 살았어요.
애벌레는 서서히 갈색으로 변하여 단단한 나뭇가지에 번데기가 되어서 붙어있게 되었어요.
그 번데기 속에서는 조금씩, 조금씩 어른 나비의 몸이 만들어지고 있었어요. [2,264자]

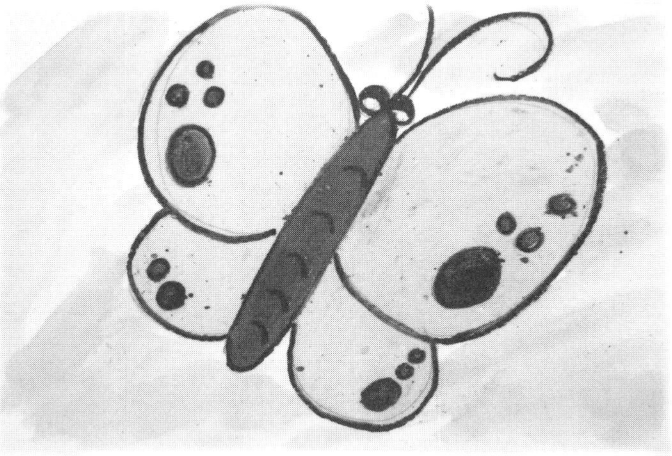

2차 스키밍 훈련 1

실전속독 훈련 및 이해도 테스트

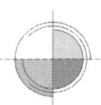

번데기가 된 지 벌써 10일이 지났어요.

번데기가 서서히 머리부터 등까지 '부지직' 갈라지더니 예쁜 노랑나비의 모습으로 변해가고 있었어요.

작고 작았던 애벌레가 아름답고 예쁜 노랑나비가 되었어요.

"어때, 노랑나비 예쁘지?"

"네, 예뻐요."

"자, 날개를 활짝 펴고 푸른 하늘을 훨훨 날아가라."

"엄마, 최고야!"

짱이는 '짝짝짝' 엄마의 연기에 손뼉을 칩니다. 끝

총 글자 수	2,400 자
최초 소요 시간	분 초

'나비로 변신한 초록벌레' 의 내용을 실전속독으로 이해하면서 훈련을 마치고
다음 훈련은 54쪽으로 이동하세요

문제 1 정답번호에 ☑로 표시하세요

속독 이해도 테스트

1. 아래 6문제 중에서 4문제 이상 맞추어야 합니다.
2. 틀린 문제가 있으면 다시 한번 속독으로 읽으면서 확인하세요.
3. 정답은 1회만 맞추고 2회부터는 실전속독 스피드훈련만 하세요.
4. 기록이 단축될 수 있도록 반복적으로 훈련하세요.

나비로 변신한 초록벌레

1. 나뭇잎 뒤에 매달린 것은 무엇인가요?
   ① 벌레 ② 거미 ③ 알 ④ 개미

2. 이 글에 나오는 나비의 알의 모양은 무엇처럼 생겼나요?
   ① 구슬 ② 진주보석 ③ 보리 ④ 콩

3. 꼬마애벌레가 먹은 것 중에 꿀물처럼 줄줄 흘러나오는 것은 무엇인가요?
   ① 배 ② 바나나 ③ 사과 ④ 수박

4. 번데기가 된 지 며칠이 지나서부터 머리부터 갈라지기 시작하나요?
   ① 5일 ② 10일 ③ 20일 ④ 30일

5. 꼬마애벌레는 자라서 무엇이 되었나요?
   ① 매미 ② 장수하늘소 ③ 잠자리 ④ 나비

6. 이 글에 나오는 나비의 색깔은 무슨 색일까요?
   ① 검은색 ② 노란색 ③ 하얀색 ④ 분홍색

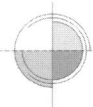

실전속독 스키밍 훈련 기록표

▶ 시간이 단축될 수 있도록 소요시간을 꼭 기록하세요.
▶ 실력이 향상되도록 같은 내용을 반복 훈련하세요.

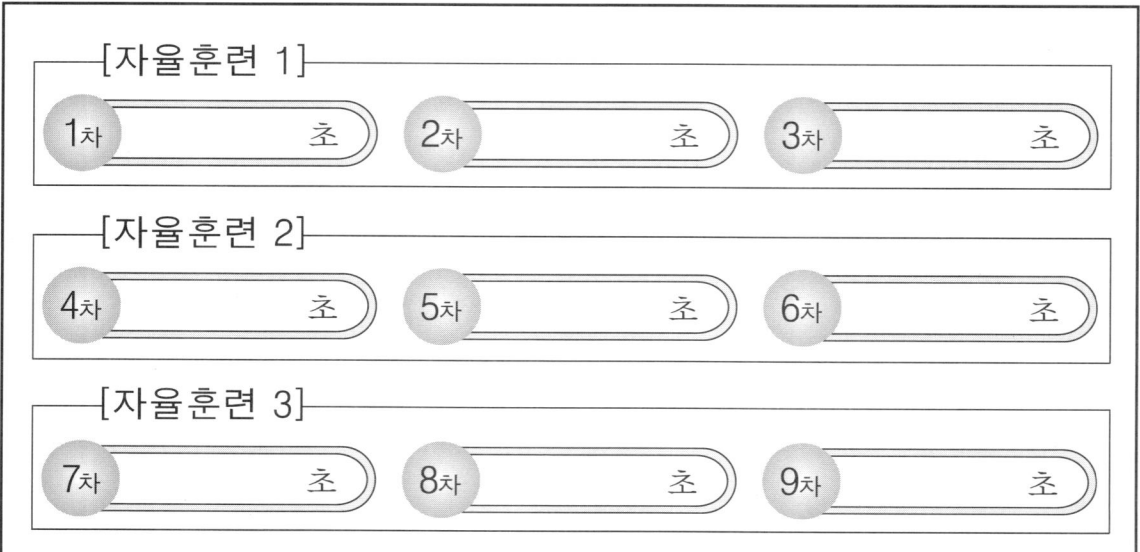

나비로 변신한 초록벌레

속독 스피드훈련 측정기록란

※ 매 3회 실시

[스피드측정 1]

1차 초 2차 초 3차 초

[스피드측정 2]

4차 초 5차 초 6차 초

속독 자율훈련 측정기록란

[자율훈련 1]

1차 초 2차 초 3차 초

[자율훈련 2]

4차 초 5차 초 6차 초

[자율훈련 3]

7차 초 8차 초 9차 초

아하! 논술 그거 쉽다!

나비로 변신한 초록벌레

논술 = 논리 + 서술, 논술은 자기주장을 설득력 있게 표현하는 글을 쓰는 것입니다.
※ 애벌레 이야기를 읽고 엄마와 짱이의 대화입니다.
엄마의 질문에 짱이는 어떻게 대답했을까요?
내가 짱이라면 어떻게 대답할 수 있을까요?
그 대답을 글로 쓰는 연습이에요.
자신의 생각을 논리적으로 주장하여 써보세요.

1. 엄마 : 애벌레가 먹은 음식 중에 영양가가 없다고 생각하는 것은 무엇일까?

짱이:

2. 엄마 : 애벌레가 다행히 초록색 잎사귀를 먹고 건강한 어른이 되어 나비로 변신했잖니?

짱이: 애벌레가 그 많은 음식을 다 먹었다면 아마 뚱뚱보가 됐겠죠?
엄마: 비만은 질병이야. 짱이는 건강한 어른이 되고 싶지?
짱이:

2차 스키밍 훈련 2

실전속독 훈련 및 이해도 테스트

미키와 미니의 소풍

오늘은 기다리고 기다렸던 소풍을 가는 날입니다.

날씨는 너무나 쾌청하여 소풍가기에 딱 좋은 날씨랍니다.

'미키'와 '미니'는 주인공의 이름입니다.

둘은 매우 친한 친구 사이랍니다.

둘이는 손을 잡고 엄마가 싸주신 맛있는 도시락을 들고 즐겁게 노래를 부르면서 힘차게 걸어가고 있었습니다.

맑고 푸른 높은 하늘 위에서는 해님이 방긋이 웃으며 둘을 반기고 있지요.

나뭇가지 위에서는 새들이 지저귀며 노래를 부릅니다.

미키와 미니도 기분이 좋아 우렁차게 노래를 부르며 힘차게 걸어갔습니다.

즐거운 마음으로 정신없이 걷다 보니 벌써 산 중턱까지 올라왔습니다.

'불길한 예감이'

사고가 났습니다.

미니가 먼저 발하나를 내 딛는 순간입니다. "어이쿠!" 하는 소리와 함께 갑자기 발밑의 흙이 '와르르' 무너지는 것이었습니다.

"이거 큰일이구나!" [294자]

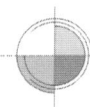

2차 스키밍 훈련 2

실전속독 훈련 및 이해도 테스트

"어이쿠 머니!" 미키가 놀라는 소리와 함께 그만 땅속으로 곤두박질하며 굴러 떨어지는 것이었습니다.

미키와 미니는 '으악' 소리를 지르기 시작했습니다.

둘은 어둠 속 아래로 굴러 내려가고 말았습니다.

머리에는 여기저기 커다란 혹이 생기고 온몸이 얼얼하게 아파져 왔습니다.

거기다가 온통 사방은 밤처럼 깜깜하기만 하였습니다.

둘은 무서워 '엉엉' 울기 시작하였습니다.

"밖에 아무도 없어요?"

"우리를 도와주세요!"

"밖으로 나가게 해 주세요"

이렇게 두 생쥐는 '엉엉' 울면서 크게 소리를 질렀습니다.

다행히 미키와 미니의 울음소리를 듣고 너구리 아저씨가 달려왔습니다.

너구리 아저씨는 구멍 속을 내려다보았습니다.

생쥐 두 마리가 구멍 속에 갇혀 나오지 못하고 울고 있었던 것입니다.

너구리 아저씨는,

"침착하게 자, 울지 말고 어서 내 손을 잡아라!"

생쥐 둘은 너구리 아저씨의 손을 힘껏 잡았습니다.

너구리 아저씨는 힘이 매우 좋았습니다.

미키와 미니는 '엄마 젖 먹던 힘' 으로 너구리 아저씨의 손에 온 힘을 다하여 매달렸습니다. [660자]

2차 스키밍 훈련 2

실전속독 훈련 및 이해도 테스트

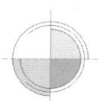

너구리 아저씨는 한 손으로 미키와 미니를 한 번에 끌어올렸습니다.

"우리는 이제 살았구나!"

"아저씨! 정말 고맙습니다!" "감사합니다!"

몇 번이고 인사를 합니다.

너구리 아저씨는 혼잣말로 "누가 여기다 이렇게 못된 장난을 해 놓았을까?" 하며 중얼거렸습니다.

"사람들이 짐승을 잡기 위해 파놓은 함정인가?"

"그러나저러나 또 다른 동물이 빠지면 큰일이 날 텐데, 아예 구멍을 메워 놓아야겠구나."

마음씨 좋은 너구리 아저씨는 삽을 가지고 와서 구멍을 메우기 시작하였습니다.

구멍 주위에 있는 흙을 떠서 구멍을 메워나갔습니다.

그런데 구멍을 반 정도 메웠을 때입니다.

아! 갑자기, 메우는 구멍 속에서 얼굴 하나가 불쑥 나왔습니다.

깜짝 놀란 너구리 아저씨는 "너는 누구냐?" 하고 물었습니다.

"저는 두더지이어요, 저의 집을 막 묻어버리면 어떡해요?"

"아하 그렇구나!"

너구리 아저씨는 깨달았습니다. [968자]

2차 스키밍 훈련 2

실전속독 훈련 및 이해도 테스트

짐승들을 잡기 위한 구멍이라 생각하였는데 두더지의 집입니다.

너구리 아저씨는 "미안하다, 두더지야" 두더지에게 사과했습니다.

착한 너구리 아저씨는 곰곰이 생각했습니다.

"무슨 좋은 수가 없을까?" 순간 "아! 좋은 생각이 떠올랐다!"

옆에 있던 미키와 미니가 "뭔 데요?" 하고 묻자,

너구리 아저씨는 "간판을 세워 놓으면 된다."

"두더지네 집이라고 쓴 간판이다."

"간판을 써서 세워 놓으면 다른 동물들도 이곳으로 지나가다 다치지 않을 것이다."

미카와 미니는 너구리 아저씨의 말대로 간판을 만들기로 하였습니다.

널판과 막대를 구하여 모두 힘을 합쳐서 두더지네 집 간판을 열심히 만들었습니다. [1,198자]

2차 스키밍 훈련 2

실전속독 훈련 및 이해도 테스트

완성된 간판 위에 너구리 아저씨가 마지막으로 글을 썼습니다. '이 아래는 두더지네 집' 이라고 예쁘게 글씨를 써서 세웠습니다.

마음씨 착한 너구리 아저씨 덕분에 미키와 미니는 안심하고 소풍을 다시 떠날 수 있게 되었습니다.

미키와 미니는 너구리 아저씨께 고맙다는 인사를 '꾸벅' 하였습니다. 즐거운 마음으로 노래를 부르며 다시 소풍을 떠났습니다. 끝

총 글자 수	1,337 자
최초 소요 시간	분 초

'미키와 미니의 소풍' 내용을 실전속독으로 이해하면서 훈련을 마치고
다음 훈련은 59쪽으로 이동하세요

문제 2

정답번호에 ☑로 표시하세요

속독 이해도 테스트

1. 아래 6문제 중에서 4문제 이상 맞추어야 합니다.
2. 틀린 문제가 있으면 다시 한번 속독으로 읽으면서 확인하세요.
3. 정답은 1회만 맞추고 2회부터는 실전속독 스피드훈련만 하세요.
4. 기록이 단축될 수 있도록 반복적으로 훈련하세요.

미키와 미니의 소풍

1. 글 내용에서 미키와 미니는 길을 떠난 목적은 무엇인가요?

① 시장을 보기 위하여 ② 공원 산책을 위하여
③ 물놀이를 즐기기 위하여 ④ 소풍 가는 길

2. 미키와 미니는 왜 울었나요?

① 친구가 때려서 ② 굴러 떨어져서
③ 손을 다쳐서 ④ 길을 잃어서

3. 미키와 미니는 누구의 도움을 받았나요?

① 두더지 ② 참새 ③ 너구리 ④ 땅강아지

4. 글에서 미키와 미니는 어떤 사이인가?

① 친한 친구 ② 오빠와 동생 ③ 부부 ④ 친척

5. 땅속의 구멍은 누구의 집인가요?

① 땅강아지 ② 두더지 ③ 여우 ④ 너구리

6. 두더지네 집에 무엇을 만들어 주었나요?

① 간판 ② 주소 ③ 문패 ④ 대문

실전속독 스키밍 훈련 기록표

▶ 시간이 단축될 수 있도록 소요시간을 꼭 기록하세요.
▶ 실력이 향상되도록 같은 내용을 반복 훈련하세요.

미키와 미니의 소풍

속독 스피드훈련 측정기록란

※ 매 3회 실시

[스피드측정 1]

1차 초	2차 초	3차 초

[스피드측정 2]

4차 초	5차 초	6차 초

속독 자율훈련 측정기록란

[자율훈련 1]

1차 초	2차 초	3차 초

[자율훈련 2]

4차 초	5차 초	6차 초

[자율훈련 3]

7차 초	8차 초	9차 초

아하! 논술 그거 쉽다!

미키와 미니의 소풍

♧ 논술왕이 되려면 책을 많이 읽어야 해요.
♧ 매일매일 내 생각을 키우세요.
♧ 내 생각을 잘 정리해서 자신 있게 말해보세요.
♧ 그리고 글로 쓰는 연습을 한다면 논술 걱정 뚝이죠

1. 미키와 미니처럼 위험한 사고를 당한다면 어떻게 대처하겠어요?

A : 엘리베이터가 갑자기 멈췄어요. 당황하지 말고 어떻게 해야 할지 생각을 정리해서 글로 써보세요.

B : 아빠랑 등산을 갔다가 등산로를 잃어버렸어요. 아빠는 보이지 않고 사람들이 다니는 길이 아닌가 봐요. 무서워요! 산 짐승이라도 나오면 어떡하죠? 어떻게 대처하여야 하는지 생각을 정리해서 써보세요.

2. 아스팔트 도로 공사 현장이나 신축공사 장소를 위험한 장소를 알리는 표지판을 그려 보세요.

(표지판 그림을 그리거나 상상력으로 그려보세요.)

2차 스키밍 훈련 3

실전속독 훈련 및 이해도 테스트

하마는 왕따

아프리카가 고향인 하마는 거의 하루종일 물속에서 생활합니다.
해가 지면 물에서 기어 나와 풀을 뜯어 먹으러 초원을 돌아다닙니다.

하마는 물에 들어가지 않으면 살갗이 갈라져서 피처럼 붉은색의 땀이 스며 나옵니다.
하마는 4~5분씩 물속에 잠겨 있을 수가 있습니다.
날씨가 무더운 어느 여름날이었어요.
꼬마하마는 너무나 심심하여 '누구하고 같이 놀까?' 생각하며 이리저리 동물 마을을 돌아다니고 있었습니다.

그러다가 달리기를 잘하는 꼬마사자를 만났습니다.
하마는 사자에게 다가가
"사자야 나와 함께 놀자"
"난 싫어, 너는 너무 뚱뚱해서 달리기도 못하잖아"

[224자]

2차 스키밍 훈련 3

실전속독 훈련 및 이해도 테스트

"나랑 같이 놀려면 함께 뛰어다녀야 할 텐데, 넌 너무 느려" "너랑 못 놀아" 이렇게 사자는 하마와 함께 놀기를 거절하였습니다. 꼬마하마는 하는 수 없이 다른 친구를 찾아다녔습니다. 이번에는 숨바꼭질을 하고 있는 기린을 찾아갔습니다. 꼬마하마는 기린에게 다가가 "기린아 나하고 같이 놀자?" 기린은 하마에게 말했습니다.
"넌 너무 뚱뚱해서 싫어, 나무 뒤에 숨어도 다 보이잖아?"
"술래가 너를 금방 찾을 수 있어서 재미없어."
기린도 꼬마하마와 함께 놀기 싫어했습니다.

꼬마하마는 또 다른 친구를 찾아 돌아다녔습니다. 혼자 친구를 찾아다니던 중에 원숭이를 만났습니다. 꼬마하마는 원숭이에게 다가가 "꼬마원숭이! 안녕? 우리같이 놀자." 말을 걸었습니다. [480자]

2차 스키밍 훈련 3

실전속독 훈련 및 이해도 테스트

"싫어, 넌 너무 뚱뚱보야!"

"나랑 같이 놀려면 나무 위로 올라와야 하는데 너는 너무 뚱뚱해서 나무가 부러질 거야."

원숭이도 함께 놀아주기 싫어했습니다.

꼬마하마와는 아무도 놀아주질 않았습니다.

꼬마하마를 외면하고 신나게 놀던 동물친구들이 날씨가 너무 더워 물놀이를 하고 싶었습니다.

동물친구 중에 달리기를 잘하는 꼬마사자가 연못으로 달려갔습니다.

"어! 물이 조금밖에 없잖아."

꼬마원숭이가 달려와 "물이 조금밖에 없잖아!" 라고 합니다.

기린도 찾아왔습니다. "어! 물이 조금밖에 없네!"

동물들은 물이 없어서 물놀이를 할 수가 없었습니다.

날씨는 너무너무 더웠습니다.

현장에 있던 꼬마하마가 물속으로 첨벙 뛰어 들어갔습니다. 꼬마하마가 연못으로 들어가자마자 물이 금세 올라왔습니다.

꼬마하마는 물속에서 다른 친구들에게 말을 했습니다.

"얘들아, 다 같이 들어와 우리 물놀이하자!" [794자]

2차 스키밍 훈련 3

실전속독 훈련 및 이해도 테스트

원숭이, 사자, 기린이 기뻐 했습니다.

"하마야 고마워!"

꼬마사자와 원숭이가 물속으로 먼저 들어가고 기린도 물속으로 들어갔습니다. 물속은 너무나 시원했습니다. 모두 하마 덕분에 신나게 물놀이를 하면서 재미있게 놀았습니다.

동물 친구들은 꼬마하마에게 '뚱뚱보' 라고 놀리지 않습니다. 동물 친구들은 사이좋게 잘 지냈습니다. 끝

총 글자 수	924 자
최초 소요 시간	분 초

'하마는 왕따' 의 내용을 실전속독으로 이해하면서 훈련을 마치고
다음 훈련은 63쪽으로 이동하세요

문제 3 정답번호에 ☑로 표시하세요

속독 이해도 테스트

1. 아래 6문제 중에서 4문제 이상 맞추어야 합니다.
2. 틀린 문제가 있으면 다시 한번 속독으로 읽으면서 확인하세요.
3. 정답은 1회만 맞추고 2회부터는 실전속독 스피드훈련만 하세요.
4. 기록이 단축될 수 있도록 반복적으로 훈련하세요.

하마는 왕따

1. 꼬마하마는 함께 놀 친구를 찾아 어디를 돌아다니고 있었나요?
   ① 수영장 ② 놀이터 ③ 연 못 ④ 동물마을

2. 꼬마하마가 처음 만난 동물 친구는 누구인가요?
   ① 기린 ② 사자 ③ 코끼리 ④ 원숭이

3. 글에서 숨바꼭질하고 있던 동물은 누구인가요?
   ① 사자 ② 원숭이 ③ 기린 ④ 하마

4. 원숭이는 왜 하마와 함께 놀기를 거절했나요?
   ① 나무가 부러지니까 ② 창피해서 ③ 느려서 ④ 때리니까

5. 연못 속에 물은 누구 때문에 많아졌나요?
   ① 기린 ② 원숭이 ③ 하마 ④ 사자

6. 연못 속으로 제일 늦게 들어간 동물친구는 누구였나요?
   ① 원숭이 ② 사자 ③ 기린 ④ 하마

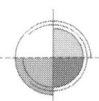

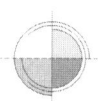

실전속독 스키밍 훈련 기록표

▶ 시간이 단축될 수 있도록 소요시간을 꼭 기록하세요.
▶ 실력이 향상되도록 같은 내용을 반복 훈련하세요.

하만 용따

속독 스피드훈련 측정기록란

※ 매 3회 실시

[스피드측정 1]

1차 초	2차 초	3차 초

[스피드측정 2]

4차 초	5차 초	6차 초

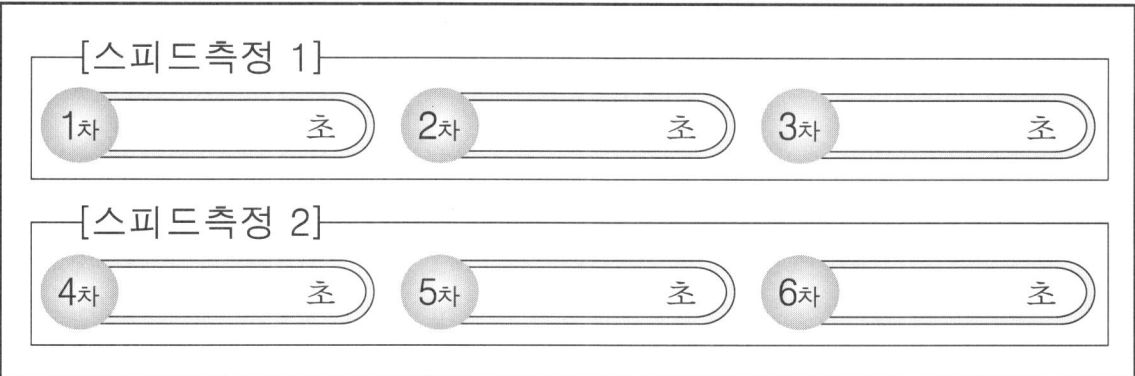

속독 자율훈련 측정기록란

[자율훈련 1]

1차 초	2차 초	3차 초

[자율훈련 2]

4차 초	5차 초	6차 초

[자율훈련 3]

7차 초	8차 초	9차 초

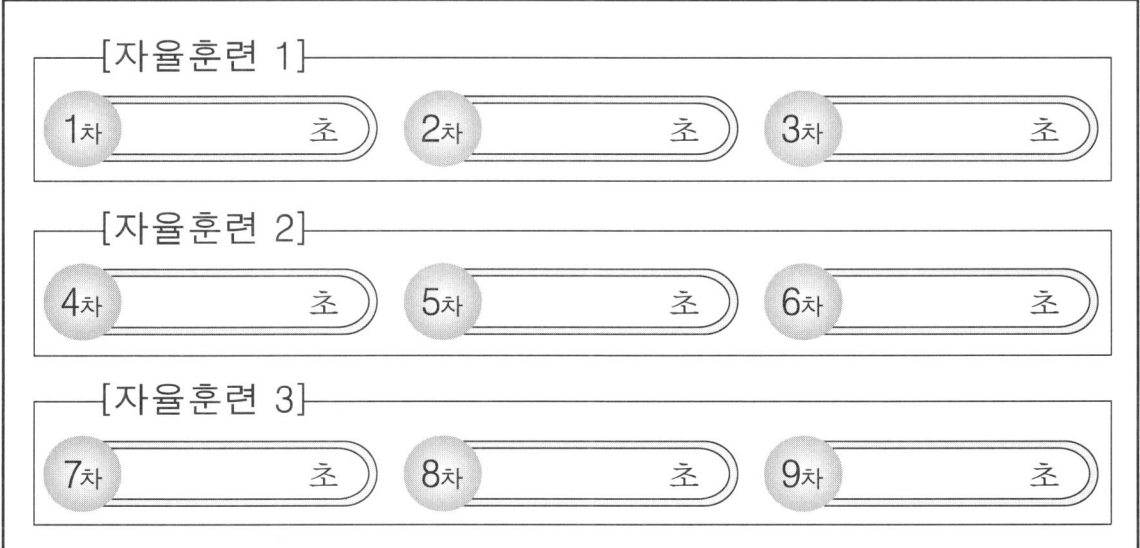

아하! 논술 그거 쉽다!

하마는 왕따

♧ 친구들과 같은 생각만 할 수는 없어요.
♧ 자기만의 독창적인 생각을 해 보세요.
♧ 내 생각을 나의 주장으로 글을 써보세요.

1. 친구들은 왜? 하마와 놀기를 주저하였나요?

2. 왕따 당한 하마가 물에 빠진 친구들을 구했어요. 내가 기린이라면 나를 구해준 하마에게 무슨 말을 할까요?

2차 스키밍 훈련 4

실전속독 훈련 및 이해도 테스트

이슬이네 꽃밭

이슬이네 집 담 밑에는 예쁜 꽃밭이 있습니다.
꽃밭에 햇살이 눈부시게 뿌려지는 날입니다.
"아이, 간지러워"
'아! 해님이었네?'
떨어지는 아침 햇살을 받으며 담 밑에 '꼬~옥' 붙어있던 민들레가 기지개를 켜자 노란 꽃잎이 사르르 웃으며 펼쳐졌습니다.
어디선가 주황나비 한 마리가 날아와서 꽃밭의 친구들을 깨우고 있습니다.
"얘들아 어서 일어나! 따듯한 봄이 왔어!"
주황나비는 여기저기 옮겨 다니면서 꽃들을 깨웠습니다.

민들레와 제비꽃이 일어났습니다.
"안녕" 아침 인사를 하며 꽃밭 위를 '나폴' 날아다닙니다.
꽃들도 나비에게 인사를 합니다. [212자]

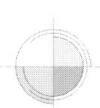

2차 스키밍 훈련 4

실전속독 훈련 및 이해도 테스트

"주황나비야, 너도 안녕! 만나서 반갑구나!"

이슬이네 꽃밭에는 점점 예쁜 꽃이 많이 피었습니다.

꽃밭은 더욱더 아름다운 한폭의 그림 같습니다.

꽃밭 앞에 느티나무는 '뾰족뾰족' 돋아난 가지 연한 연둣빛 새잎을 흔들며 반가운 듯 꽃을 보며 '까르르' 웃습니다.

모두 빙그레 웃으면서 서로 재미있는 이야기를 나누고 있습니다.

이슬이는 학교에 다녀오는 길입니다.

이슬이는 걸어가는 길에 집 담 밑에 그림처럼 예쁘게 피운 꽃들을 보고 있습니다.

한참을 쳐다보고 있다가 아무 생각 없이 갑자기 분홍꽃 한 송이를 쑥 뽑았습니다.

"아야, 아파요!" [422자]

2차 스키밍 훈련 4

실전속독 훈련 및 이해도 테스트

분홍꽃은 너무 아파서 소리를 질렀습니다.
분홍꽃에 붙어있던 작은 애벌레도 순간 깜짝 놀라서 꽃잎을 꽉 붙잡았습니다.
너무나 갑작스럽게 닥친 일이라 어쩔 수가 없습니다.
꽃밭에 있던 여러 꽃도 안타까운 얼굴로 쳐다 보고 있습니다.
이슬이는 집안으로 들어와 가방을 내려놓고 아무 일도 없었듯이 동화책을 읽기 시작하였습니다.
이슬이는 동화책을 읽다가 봄의 따사로운 햇살 탓인지 '스르르' 잠이 들고 말았어요.
이슬이는 꿈을 꾸기 시작하였습니다.
"어이구 아파!"
"어이구 허리를 다쳤나 봐."
"너 때문에 허리가 아파"
작은애벌레가 나타났습니다.
"이슬아, 나 물 좀 줄래?"
"이슬아, 난 지금 목이 말라, 시들어가고 있어!"
힘없이 분홍 꽃이 말했습니다.
꿈속에서 만난 애벌레와 분홍꽃은 울면서 애원했습니다. [698자]

2차 스키밍 훈련 4

실전속독 훈련 및 이해도 테스트

이슬이는 무서웠습니다. 애벌레와 분홍꽃의 울음소리에 놀라 벌떡 일어났습니다. 이슬이는 꽃밭으로 달려갔어요.

이슬이는 시들어 가는 분홍꽃을 세우면서 손으로 꼭꼭 묻어주고, 물통에 물을 담고 분홍 꽃에 물을 조심스럽게 뿌려주었습니다.

이슬이는 잘못을 깨달았습니다.

"얘들아, 미안해, 내가 잘못했어!"

"다시는 너희를 괴롭히지 않을게"

이슬이는 거듭 잘못했다고 사과를 했습니다.

이슬이는 애벌레를 싱싱한 파란 잎에 올려 놓았습니다.

이슬이를 지켜본 다른 꽃과 애벌레 그리고 나비와 벌들이 밝은 모습으로 모여듭니다.

꽃밭 친구들이 모두 모였습니다.

이슬이는 꽃밭의 친구들에게 좋은 친구가 되기로 약속하였습니다. 끝

총 글자 수	942 자
최초 소요 시간	분 초

'이슬이네 꽃밭'의 내용을 실전속독으로 이해하면서 훈련을 마치고
다음 훈련은 67쪽으로 이동하세요

문제 4 정답번호에 ☑로 표시하세요

속독 이해도 테스트

1. 아래 6문제 중에서 4문제 이상 맞추어야 합니다.
2. 틀린 문제가 있으면 다시 한번 속독으로 읽으면서 확인하세요.
3. 정답은 1회만 맞추고 2회부터는 실전속독 스피드훈련만 하세요.
4. 기록이 단축될 수 있도록 반복적으로 훈련하세요.

이슬이네 꽃밭

1. 이슬이네 꽃밭은 어디에 위치하였나요?
   ① 앞마당 ② 담 밑 ③ 뒤뜰 ④ 길가

2. 꽃밭의 친구들을 깨운 나비는 누구인가요?
   ① 노랑나비 ② 흰나비 ③ 호랑나비 ④ 주황나비

3. 이슬이는 어디를 다녀오는 길인가요?
   ① 유치원 ② 미술학원 ③ 학교 ④ 놀이터

4. 이슬이가 꽃밭에서 뽑은 꽃은 누구였나요?
   ① 파란꽃 ② 분홍꽃 ③ 빨간꽃 ④ 노란꽃

5. 이슬이가 꽃밭에서 잘못했다는 것을 알게 된 이유는 무엇인가요?
   ① 친구가 알려줘서 ② 애벌레가 알려줘서
   ③ 꿈속에서 ④ 나비가 알려줘서

6. 이슬이가 애벌레를 올려놓은 곳은?
   ① 꽃 봉우리 ② 파란 잎 ③ 꽃줄기 ④ 꽃밭 흙

실전속독 스키밍 훈련 기록표

▶ 시간이 단축될 수 있도록 소요시간을 꼭 기록하세요.
▶ 실력이 향상되도록 같은 내용을 반복 훈련하세요.

이슬이네 꽃밭

속독 스피드훈련 측정기록란

※ 매 3회 실시

[스피드측정 1]

1차 초	2차 초	3차 초

[스피드측정 2]

4차 초	5차 초	6차 초

속독 자율훈련 측정기록란

[자율훈련 1]

1차 초	2차 초	3차 초

[자율훈련 2]

4차 초	5차 초	6차 초

[자율훈련 3]

7차 초	8차 초	9차 초

아하! 논술 그거 쉽다!

아름이네 꽃밭

♧ 아래 물음에 이유나 근거를 들어 자기의 생각을 펼쳐 보세요.
♧ 내 느낌이나 주장을 이야기나 글로 표현해 보세요.

1. 거실에 화초가 있는 화분이 하나 있습니다. 화초관리를 어떻게 하여야 할까요?

힌트 : 집에 화초가 있다면 어른들이 잘 관리를 하고 있어요.
어른들은 어떻게 화초를 가꿨을까요?

2. 4월5일은 식목일입니다. 식목일을 기념하기 위하여 우리 집 꽃밭에 묘목을 심기로 하였습니다. 어떤 나무를 심을지 생각하고 적어 보세요.

2차 스키밍 훈련 5

실전속독 훈련 및 이해도 테스트

새가 된 다미

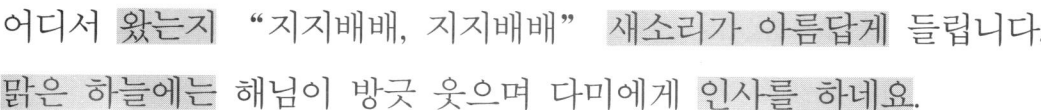

다미는 아침 일찍 잠에서 깨어나 창문을 활짝 열었습니다.

"아~함, 잘 잤다!"

창 밖을 보니 꽃들이 방긋 방긋 웃으며 맞이하고 있습니다.

"꽃들아, 안녕"

어디서 왔는지 "지지배배, 지지배배" 새소리가 아름답게 들립니다.

맑은 하늘에는 해님이 방긋 웃으며 다미에게 인사를 하네요.

"잘 잤나요? 다미 공주님!"

다미도 창문 너머로 떠오르는 둥근 해를 보며 인사를 합니다.

"해님! 안녕하세요? 오늘따라 더 환해 보이시네요!"

다미의 동생은 갓 돌이 지난 아기입니다.

아침이면 엄마 품에서 보채는 시간이 있습니다. [193자]

2차 스키밍 훈련 5

실전속독 훈련 및 이해도 테스트

동생은 잠에서 덜 깼는지 칭얼대기 시작합니다.
엄마는 동생의 가슴을 또닥또닥 두드립니다.
"자장자장, 자장자장 우리 아기 잘도 잔다. 자장가야, 자장가야!"
"우리 아기 잘도 잔다."
"멍멍개야 짖지 마라, 꼬꼬닭아 울지 마라, 자장가야 자장가!"
다미의 엄마가 늘 동생에게 불러주는 자장가 노래입니다.
신기하기도 동생은 엄마의 자장가 소리에 곧 잠이 들었습니다.

"아! 잘 잤다!"
다미의 아버지는 양손을 높이 들어 기지개를 폅니다.
"다미야! 잘 잤니? 잠은 푹 자야 한다."
"잠은 어린이 두뇌발달에 매우 중요한 역할을 하지. 잠은 자는 동안 사람의 몸은 완전한 휴식을 하는 것이야."
"잠은 두뇌의 신경세포를 강화시키고 성장시키는 것이란다." [437자]

2차 스키밍 훈련 5

실전속독 훈련 및 이해도 테스트

"잠을 잘 잔다는 것은 몸과 마음이 건강하다는 것이야."

다미는 아버지 말씀에 고개를 끄덕이면서 중요한 정보를 알았다고 생각합니다.

"네! 아빠 말씀이 맞는 것 같아요."

"아빠, 제가 오늘 몸이 가볍거든요."

다미는 아버지 말씀에 문득 떠오르는 것이 있었습니다.

"참 아빠, 어젯밤에 저와 함께 놀던 누런 강아지는 어디 있어요?"

"아주 귀여운 강아지인데요."

"강! 강아지라니? 무슨 말을 하는 거니?"

아버지와 어머니는 고개를 갸우뚱거렸습니다.

"아! 알았다."

"우리 다미가 어젯밤 꿈을 꾼 모양이로구나?"

"꿈속에서 본 일들은 진짜가 아니란다."

"그래요? 꿈은 참 신기한 것 같아요."

"날개도 없는데 새처럼 훨훨 날아다녔어요."

"새처럼 날 수 있어서 기분이 아주 좋았어요."

"그건 아마도 다미가 날고 싶은 마음이 있던가, 날개가 있었으면 하는

[715자]

2차 스키밍 훈련 5

실전속독 훈련 및 이해도 테스트

생각 때문에 꿈을 꾸었던 거야."

엄마가 설명을 하였습니다.

다시 새로운 밤이 찾아왔습니다.

다미는 졸음이 오기 시작합니다.

"아~함, 엄마 졸려요."

"그래, 어서 자라! 오늘 밤 예쁜 꿈꾸며 잘 자렴."

다미는 엄마 말씀이 끝나기도 전에 벌써 꿈나라로 달리고 있습니다. 끝

총 글자 수	815 자
최초 소요 시간	분 초

'새가된 다미' 의 내용을 실전속독으로 이해하면서 훈련을 마치고
다음 훈련은 71쪽으로 이동하세요

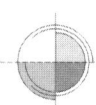

문제 5 정답번호에 ☑로 표시하세요

속독 이해도 테스트

1. 아래 6문제 중에서 4문제 이상 맞추어야 합니다.
2. 틀린 문제가 있으면 다시 한번 속독으로 읽으면서 확인하세요.
3. 정답은 1회만 맞추고 2회부터는 실전속독 스피드훈련만 하세요.
4. 기록이 단축될 수 있도록 반복적으로 훈련하세요.

새가 된 다미

1. 다미가 창문을 열고 제일먼저 누구에게 아침 인사를 했나요?
① 해님 ② 새들 ③ 아버지 ④ 꽃들

2. 다미의 동생이 잠을 못자고 칭얼대자 엄마가 부른 노래는 무엇인가요?
① 당근송 ② 자장가 ③ 올챙이송 ④ 팝송

3. 본문에 나와 있는 잠에 대한 내용이 아닌 것은?
① 잠은 두뇌발달에 중요하다.
② 잠이 몸과 마음을 건강하게 만든다.
③ 잠자는 시간이 많으면 무조건 좋다.
④ 잠을 자는 동안 사람의 몸도 휴식을 취한다.

4. 다미가 꿈에서 본 강아지의 색은 무슨 색인가요?
① 노란색 ② 검은색 ③ 누런색 ④ 하얀색

5. 다미는 꿈속에서 어떤 행동을 했을까요?
① 날아다녔다 ② 뛰어다녔다 ③ 춤을 주었다 ④ 노래를 불렀다

6. 엄마는 다미에게 오늘밤 어떤 꿈을 꾸라고 했나요?
① 천사 꿈 ② 예쁜 꿈 ③ 강아지 꿈 ④ 아름다운 꿈

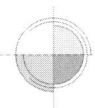

실전속독 스키밍 훈련 기록표

▶ 시간이 단축될 수 있도록 소요시간을 꼭 기록하세요.
▶ 실력이 향상되도록 같은 내용을 반복 훈련하세요.

속독 스피드훈련 측정기록란

※ 매 3회 실시

[스피드측정 1]

1차 초 | 2차 초 | 3차 초

[스피드측정 2]

4차 초 | 5차 초 | 6차 초

속독 자율훈련 측정기록란

[자율훈련 1]

1차 초 | 2차 초 | 3차 초

[자율훈련 2]

4차 초 | 5차 초 | 6차 초

[자율훈련 3]

7차 초 | 8차 초 | 9차 초

아하! 논술 그거 쉽다!

새가 된 다미

♧ 아래 물음에 이유나 근거를 들어 자기의 생각을 펼쳐 보세요.
♧ 내 느낌이나 주장을 이야기나 글로 표현해 보세요.

1. 나는 하루에 몇 시간 잘까요?

나는 한 달(30일)이면 모두 몇 시간 잘까요?

나는 일년이면 모두 몇 시간 잘까요?

2. 다미는 꿈속에서 새가 되어 날아다녔어요.
생각나는 꿈 이야기를 아빠에게 말하는 것처럼 써보세요.

2차 스키밍 훈련 6

실전속독 훈련 및 이해도 테스트

아까진 추워쯤이야!

철이는 추위를 많이 타서 별명이 '덜더리' 입니다.
조금만 추워도 춥다고 '덜덜덜' 떠는 철이를 보고 친구들이 언제부터인지 덜더리라고 부르기 시작했습니다.
아이들은 철이라는 이름보다 덜더리라는 별명이 더 친숙하죠.
덜더리는 날씨가 조금만 추워도 와들와들 떨어요.
덜더리는 바람이 조금만 불어도 와들와들 떨어요.
추위를 많이 타는 사람이 또 있을까요?
철이는 조금 추운날씨에도 장롱 속에서 털실로 짠 모자와 털장갑, 털목도리까지 꺼냅니다.
그리고 내복과 겨울점퍼까지 꺼내서 모두 착용하고 있습니다.
여러 벌을 껴입고도 추워서 와들와들, 기침을 콜록콜록합니다.
철이를 보고 친구들은 덜더리라고 자주 놀려댑니다.
어느 날 철이는 추워서 나무 밑에 서 있었습니다.
아! 갑자기 장난꾸러기 까마귀가 날아와 철이의 모자를 획! 하고 벗겨 날아갔습니다. [301자]

아까진 추워졌어!

2차 스키밍 훈련 6

실전속독 훈련 및 이해도 테스트

철이는 머리가 썰렁했습니다.
"야! 까마귀야! 내 모자 이리 내놔!"
"가져가지 말고 빨리 주라니까?"
까마귀는 모자를 낚아 체 가면서도 철이를 놀렸습니다.
"덜덜덜, 덜더리! 날 잡으면 주지"
까마귀는 계속하여 철이를 상대로 약을 올렸습니다.
철이는 까마귀를 열심히 쫓아갔습니다.
'헉! 헉' 거리면서 쫓아갔지만 따라잡을 수가 없습니다.
다음에는 원숭이가 달려와서 목도리를 순식간에 빼앗아 나무 위로 올라갔습니다.

목도리를 빼앗긴 철이는 원숭이를 쫓아서 나무 위를 오르려 합니다.
"내 목도리 내놔, 난 그거 없으면 얼어 죽는단 말이야!"
철이는 원숭이에게 불만스러운 말투로 말했습니다.
원숭이는 오히려 철이에게 약을 올렸습니다. [548자]

2차 스키밍 훈련 6

실전속독 훈련 및 이해도 테스트

"덜덜덜, 덜더리!"

"너 한번 떨어봐, 그럼 내가 이거 주지!"

철이는 약이 올라서 나무를 잡고 마구 흔들었습니다.

"내려와, 빨리 내려오란 말이야!"

나무를 심하게 흔들어도 소용이 없었습니다.

그런데 이번엔 다람쥐가 쪼르르 내려와 철이의 털장갑을 벗겨 나무 위로 달아났습니다.

철이는 화가 머리끝까지 났습니다.

"내 장갑까지 가져가면 난 어떻게"

"손이 시려 죽겠단 말이야!"

다람쥐도 철이에게 약을 올렸습니다.

"용용, 죽겠지! 덜더리! 여기까지 올라와 봐!"

철이는 나무 위에 올라가 있는 다람쥐를 잡으려고 높이 뛰어봤지만 손이 닿지 않아 실패했습니다.

[761자]

2차 스키밍 훈련 6

실전속독 훈련 및 이해도 테스트

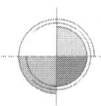

좀~더 높이 껑충껑충 뛰어 봤지만 잡을 수가 없습니다.

철이는 몸은 춥고 손은 시리고 머리도 시렸습니다.

"아이 추워! 꽁꽁 얼어 죽겠다."

"얘들아, 내 물건 빨리 돌려줘, 응"

"안 돌려주면 감기 든단 말이야! 콜록콜록"

"어서 빨리 돌려줘"

이번에는 온 힘을 다해 껑충 뛰어서 나뭇가지를 잡았습니다.

간신히 나뭇가지에 매달려서 조금씩, 조금씩 옆으로 옮겨 갔습니다.

대롱대롱 매달린 상태에서 바동바동 거리며 옆으로 이동하는 순간 "딱" 하는 소리와 함께 굵은 나뭇가지가 부러졌습니다.

나뭇가지 위에 있던 원숭이, 다람쥐, 까마귀, 모두 언덕 아래로 데굴데굴 …… 굴러 내려갔습니다.

철이는 굴러 내려가면서도 원숭이, 다람쥐, 까마귀를 모두 잡았습니다.

"야! 잡았다, 잡았어."

"어이고 가까스로 잡았다."

"이제는 내가 빼앗긴 모두 것들을 찾을 수 있어."

철이는 숨이 차서 헉헉! 거립니다. [1,059자]

2차 스키밍 훈련 6

실전속독 훈련 및 이해도 테스트

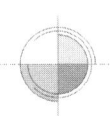

몸은 후끈후끈 달아오르고 이마에서는 땀이 뻘뻘 났습니다.

모자도 필요 없고, 장갑도 필요 없고, 목도리도 필요 없을 것 같습니다.

"땀이 많이 나니 춥지도 않네."

"어? 나는 이제 덜더리가 아니야! 철이야."

"내 이름은 강철 같은 이름, 철이야, 철이!"

철이는 빼앗긴 모자와 장갑, 목도리를 찾으려고 하지 않았습니다.

원숭이, 까마귀, 다람쥐에게 당당하게 말했습니다.

"난, 하나도 춥지 않아, 떨리지 않아. 내 물건은 천천히 돌려줘!"

철이를 지켜보던 원숭이, 까마귀, 다람쥐는 조용해졌습니다.

철이의 건강한 모습을 며칠을 두고 지켜본 동물 친구들은 철이에게 더는 덜더리라고 부르지 않았습니다.

철이는 이름처럼 강하고 씩씩한 어린이가 되었습니다. 끝

총 글자 수	1,308 자
최초 소요 시간	분 초

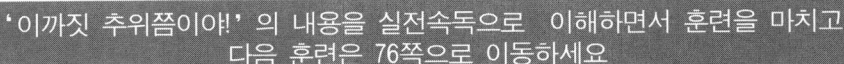

'이까짓 추위쯤이야!' 의 내용을 실전속독으로 이해하면서 훈련을 마치고
다음 훈련은 76쪽으로 이동하세요

문제 6

정답번호에 ☑로 표시하세요

속독 이해도 테스트

1. 아래 6문제 중에서 4문제 이상 맞추어야 합니다.
2. 틀린 문제가 있으면 다시 한번 속독으로 읽으면서 확인하세요.
3. 정답은 1회만 맞추고 2회부터는 실전속독 스피드훈련만 하세요.
4. 기록이 단축될 수 있도록 반복적으로 훈련하세요.

이까짓 추위쯤이야!

1. 동물들이 덜더리라고 부른 까닭은 무엇인가요?
   ① 겨울옷만 좋아해서 ② 와들와들 소리 내서
   ③ 추위를 많이 타서 ④ 얼음을 잘 먹어서

2. 까마귀가 철이에게 빼앗아간 것은 무엇인가요?
   ① 잠바 ② 털장갑 ③ 목도리 ④ 모자

3. 원숭이는 철이의 무엇을 가져갔나요?
   ① 목도리 ② 모자 ③ 운동화 ④ 털장갑

4. 다람쥐는 철이의 무엇을 빼앗아 갔나요?
   ① 모자 ② 양말 ③ 털장갑 ④ 목도리

5. 글에 나오는 동물은 모두 몇 마리인가요?
   ① 두 마리 ② 세 마리 ③ 네 마리 ④ 다섯 마리

6. 덜더리는 어떤 사람이 되었나요?
   ① 조용한 ② 씩씩한 ③ 얌전한 ④ 예의바른

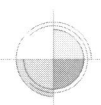

실전속독 스키밍 훈련 기록표

▶ 시간이 단축될 수 있도록 소요시간을 꼭 기록하세요.
▶ 실력이 향상되도록 같은 내용을 반복 훈련하세요.

아까직 추쯤이야!

속독 스피드훈련 측정기록란

※ 매 3회 실시

[스피드측정 1]

1차 초	2차 초	3차 초

[스피드측정 2]

4차 초	5차 초	6차 초

속독 자율훈련 측정기록란

[자율훈련 1]

1차 초	2차 초	3차 초

[자율훈련 2]

4차 초	5차 초	6차 초

[자율훈련 3]

7차 초	8차 초	9차 초

아하! 논술 그거 쉽다!

아기 추쯤이야!

♧ 아래 물음에 이유나 근거를 들어 자기의 생각을 펼쳐 보세요.
♧ 내 느낌이나 주장을 이야기나 글로 표현해 보세요.

1. 동물들이 철이를 괴롭힌 이유는 무엇이라 생각하나요?

2. 원숭이, 까마귀, 다람쥐가 철이에게 빼앗은 물건은 무엇인가요? 사건이 진행과정 순으로 적으세요.

2차 스키밍 훈련 7

실전속독 훈련 및 이해도 테스트

괴물은 무서워!

깊은 산 속에 오두막집 한 채가 있습니다. 괴물이 살고 있는 집입니다.

괴물은 늘 외롭고 쓸쓸해서 자주 울었습니다.

"엉엉……"

"나는 왜 이렇게 외로울까"

"아이 슬퍼, 엉엉"

괴물의 울음소리는 산을 넘고 강을 건너서 멀리멀리 아이들이 있는 곳까지 퍼져갔습니다.

"아! 이게 무슨 소리지?"

아이들은 귀 기울여 울음소리를 듣고 있습니다.

"누가 울고 있나 봐"

"얘들아, 우리 한번 가보자."

"그래, 가보자."

아이들은 울음소리가 들리는 장소를 향하여 달려갔습니다.

아이들이 뛰어서 도착한 곳은 예쁜 오두막집 한 채가 있습니다.

그 옆에는 놀랄 만큼 아름다운 꽃들이 활짝 피어 있습니다.

"예쁜 오두막집에서 누가 울고 있을까?"

아이들은 너무나 궁금했습니다.

아이들은 오두막집 안으로 조심스럽게 들어갔습니다. [270자]

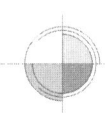

2차 스키밍 훈련 7

실전속독 훈련 및 이해도 테스트

"누구야, 누가 남의 집을 허락도 없이 들어오는 거야?"

"아악"

큰소리에 놀라 쳐다보니 괴물이었습니다.

"아이, 무서워"

"애들아, 어서 달아나자."

아이들은 서로 달아나려고 문밖으로 뛰어나왔습니다.

어느새 괴물은 아이들 앞으로 성큼 다가와 길을 막았습니다.

"어딜, 도망가"

아이들은 꼼짝없이 괴물에게 붙잡히고 말았습니다.

괴물은 아이들을 붙잡아서 방에 가두었습니다.

그리고 무섭게 으르렁거렸습니다.

파랗게 질린 얼굴로 아이들은 무서웠습니다. 두 손으로 얼굴을 가리고 벌벌 떨고 있었습니다.

"어, 이상하다. 괴물이 조용해졌어."

으르렁거리는 소리가 들리지 않았습니다.

슬그머니 눈을 뜨고 두 손 사이로 괴물을 쳐다보았습니다.

무서운 괴물은 얼굴을 잔뜩 찡그리면서 찬장에서 이상한 약병을 꺼내고 있습니다. [551자]

2차 스키밍 훈련 7

실전속독 훈련 및 이해도 테스트

찬장 속에는 여러 가지 약병들이 진열되어 있습니다.

노란 약, 파란 약, 빨간 약, 초록 약, 분홍 약, 하얀 약과 까만 약, 주황색 약 등이 있었습니다.

세모 약과 네모 약 물약과 가루약 등 식탁 위에 가득 펼쳐놓고 괴물은 약을 먹기 시작하였습니다.

아이들은 깜짝 놀랐습니다.

"왜! 저렇게 많은 약을 먹는 거야?"

아이들은 무서운 상황을 잊고 쳐다 보고 있었습니다.

궁금해서 아이들은 무서운 괴물에게 물어보기로 하였습니다.

"괴물님! 진짜 궁금해서 그러는데요?"

"왜? 약이 그렇게 많은 거예요?"

"뭐라고, 아파서 먹는다! 어쩔래?"

"어디가 그렇게 아픈데 여러 가지 약을 한 번에 먹나요?"

괴물은 약을 들어 보이면서 설명하기 시작하였습니다.

[797자]

2차 스키밍 훈련 7

실전속독 훈련 및 이해도 테스트

"이것은 머리가 아파서 먹는 약이다."

"이것은 배 아플 때 먹는 약이야."

"이 약은 다리가 아플 때 먹는 약"

"이 약은 손이 아파서 먹는 약"

허리가 아파서 먹는 약, 등등 괴물은 약을 하나하나 씩 가리키며 설명을 합니다.

설명을 듣고 보니 괴물의 온몸은 아프지 않은 곳이 한 곳도 없었습니다.

아이들은 괴물에게 물었습니다.

"도대체 왜 아픈 곳이 많아요?"

"왜냐하면, 너무나 외롭기 때문이란다."

"왜 외로워요?"

"친구들이 놀아주지 않아서 외롭단다."

"친구들이 왜 놀아주지 않나요?"

"친구들은 내가 너무 무섭데…"

괴물은 슬픈 듯이 한숨을 쉬며 힘없이 앉아 있습니다.

"왜 무섭데요?"

"내가 화를 잘 내고 또 화가 나면 큰소리를 지르니까 친구들이 너무

[1,039자]

실전속독 훈련 및 이해도 테스트

무섭다고 해"

괴물은 커다란 두 눈에서 눈물이 뚝뚝 떨어집니다.

외롭고 슬퍼하는 모습을 본 아이들은 괴물이 불쌍하다는 생각이 들었습니다.

"너무 슬퍼하지 마세요."

"함께 놀아드릴게요."

"정말?"

괴물은 기쁜 표정이었습니다.

"괴물님! 약속해요!"

"우리랑 같이 놀 때에는 절대로 화를 내시면 안 돼요."

"그래그래, 알았어."

아이들과 약속한 괴물은 재미있게 놀 궁리를 합니다.

"소꿉놀이해요."

"숨바꼭질할까요?"

"학교 놀이해요"

"구슬치기도 재미있어요."

괴물과 아이들은 재미있는 시간을 보냈습니다.

"괴물님! 싱글벙글, 얼굴이 보기 좋아요."

괴물은 재미있게 놀 때마다 아픈 곳이 하나하나씩 나아가고 있습니다.

괴물은 아이들과 놀면서 마음이 건강해졌다는 걸 느꼈습니다. [1,298자]

2차 스키밍 훈련 7

실전속독 훈련 및 이해도 테스트

"아픈 곳이 없어지고 아주 건강해졌구나."

"괴물님! 활짝 웃으세요!"

"마음씨 착한 동네 아저씨처럼 착하게 보이네요."

"얘들아 우리 집에 계속 놀러 와, 화 안 낼게."

"그럼요, 괴물님! 내일 또 놀러 올게요."

"응 꼭 놀러 와야 해."

마음이 건강해지고 몸이 건강해진 괴물은 이제 혼자 방에 있어도 울지 않았습니다.

그 후, 괴물은 약을 먹지 않았습니다. 괴물은 건강하고 즐겁게 잘 지냈습니다.

끝

총 글자 수	1,442 자
최초 소요 시간	분 초

'괴물은 무서워' 의 내용을 실전속독으로 이해하면서 훈련을 마치고
다음 훈련은 83쪽으로 이동하세요

문제 7

정답번호에 ☑로 표시하세요

속독 이해도 테스트

1. 아래 6문제 중에서 4문제 이상 맞추어야 합니다.
2. 틀린 문제가 있으면 다시 한번 속독으로 읽으면서 확인하세요.
3. 정답은 1회만 맞추고 2회부터는 실전속독 스피드훈련만 하세요.
4. 기록이 단축될 수 있도록 반복적으로 훈련하세요.

괴물은 무서워!

1. 울보 약보 괴물이 살고 있는 집은 무엇일까요?
   ① 아파트 ② 천막집 ③ 오두막집 ④ 연립주택

2. 아이들은 누구의 울음소리를 들었을까요?
   ① 울보사자 ② 키다리 마술사 ③ 예쁜 천사 ④ 괴물

3. 오두막집 찬장에는 많은 물건들이 있었어요. 무엇일까요?
   ① 약 ② 사탕 ③ 과자 ④ 라면

4. 괴물은 왜 여러 종류의 약을 먹었을까요?
   ① 죽을병이 걸려서 ② 친구가 없어서 외롭기 때문에
   ③ 약이 많아서 ④ 오래 살고 싶어서

5. 괴물은 아이들에게 어떤 약속을 하였나요?
   ① 돈을 주기로 함. ② 숙제를 대신 한다.
   ③ 절대 화를 내지 않기로 함 ④ 약을 나눠주기로 함

6. 괴물이 아이들과 친한 후 얻은 결과는 무엇인가요?
   ① 보석 ② 슬픔 ③ 약 ④ 건강

실전속독 스키밍 훈련 기록표

▶ 시간이 단축될 수 있도록 소요시간을 꼭 기록하세요.
▶ 실력이 향상되도록 같은 내용을 반복 훈련하세요.

속독 스피드훈련 측정기록란

※ 매 3회 실시

[스피드측정 1]

1차 초	2차 초	3차 초

[스피드측정 2]

4차 초	5차 초	6차 초

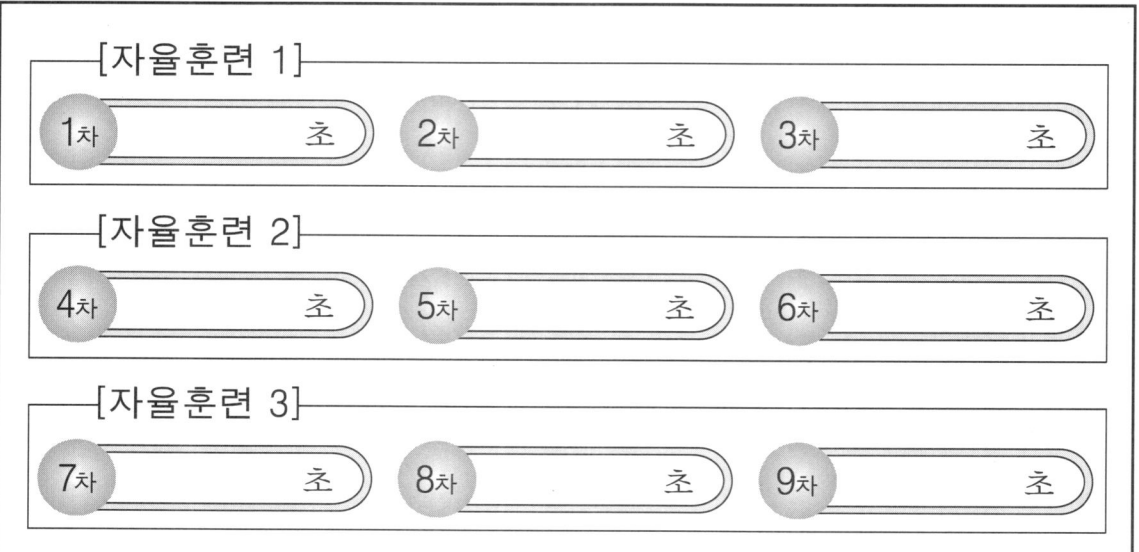

속독 자율훈련 측정기록란

[자율훈련 1]

1차 초	2차 초	3차 초

[자율훈련 2]

4차 초	5차 초	6차 초

[자율훈련 3]

7차 초	8차 초	9차 초

아하! 논술 그거 쉽다!

괴롭은 무서워!

♧ 아래 물음에 이유나 근거를 들어 자기의 생각을 펼쳐 보세요.
♧ 내 느낌이나 주장을 이야기나 글로 표현해 보세요.

1. 몸이 아팠을 때 약은 어떻게 구입하나요?
   병원에 간적이 있다면 기억을 더듬어 과정을 써보세요.

2. 질병의 발생 원인은 운동부족, 불규칙한 식생활, 부적절한 영양, 정신적 스트레스, 자외선 노출 등 입니다. 내가 알고 있는 질병의 종류를 적어 봅시다.

힌트 : 외할머니는 무릎이 아프셔서 파스를 붙였어요.

1.
2.
3.
4.

2차 스키밍 훈련 8

실전속독 훈련 및 이해도 테스트

통키의 도토리

도토리가 가득 담긴 바구니를 실은 당나귀가 걸어가고 있습니다.

당나귀 이름은 '통키'라고 합니다.

통키는 주인님의 심부름으로 도토리를 싣고 가는 중입니다.

"아이고, 힘들어"

"다리는 아프고 짐은 너무 무거워."

"나무 그늘서 좀 쉬었다가 가야지."

통키는 먼 길을 걸어오느라 힘이 들었는지 쉬어가기로 합니다.

멈춰 선 큰 나무 아래는 이상한 의자가 하나 놓여 있습니다.

의자는 마음대로 할 수 있는 의자였습니다.

통키는 도토리 바구니를 마음대로 의자 위에 덥석 내려놓았습니다.

홀가분해진 통키는 나무그늘 아래서 그만 잠이 들고 말았습니다.

시간이 10분 지났을까?

곰돌이가 '마음대로 의자' 앞을 지나게 되었습니다.

"와! 이것이 뭐야! 정말 맛있겠는걸." [257자]

2차 스키밍 훈련 8

실전속독 훈련 및 이해도 테스트

"어? 마음대로 의자라고?"
곰돌이는 마음대로 의자 위에 놓여있는 도토리를 보고 기뻐했습니다.
"마음대로 의자니까 마음대로 먹어도 되겠지."
곰돌이는 도토리를 맛있게 먹기 시작합니다.
곰돌이 바구니에 담겨있던 도토리를 모두 먹어 치워버렸습니다.
바구니 속에 많았던 도토리가 하나도 없이 텅 비었습니다.
곰돌이는 미안한 마음이 들었습니다.
"아! 이거 어쩌지 바구니가 텅 비어 있으니"
곰돌이는 미안한 마음에 자신이 갖고 있던 꿀을 의자 위에 올려놓았습니다.

"이 꿀이라도 놓고 가야지!"
곰돌이는 도토리 대신 꿀이 담긴 병을 놓고 길을 떠났습니다.
통키는 도토리가 없어진 것도 모르고 계속 '쿨쿨' 잠을 자고 있습니다.
이번에는 여우가 맛있게 구운 빵 세 개를 들고 의자 앞에 나타났습니다. [529자]

2차 스키밍 훈련 8

실전속독 훈련 및 이해도 테스트

"어? 마음대로 의자라고?"

여우는 마음대로 의자에 놓인 항아리를 보게 되었습니다.

"이거 뭐지?"

여우는 항아리 속에 있는 꿀을 유심히 쳐다보았습니다.

"이거 꿀이잖아"

"누가 놓고 갔는지 정말 고마운데"

"마음대로 의자니 내 마음대로 먹어도 되겠지."

여우는 곰돌이가 도토리 대신 놓고 간 꿀인지 모르고 손으로 찍어 먹었습니다.

"아! 맛있다."

"정말, 맛있어"

꿀 항아리는 어느새 빈 항아리가 되었습니다.

여우는 맛있게 꿀을 먹고 난 빈 항아리를 남겨두고 가기가 정말 미안했습니다.

여우는 가지고 있던 빵 세 개 중에 두 개를 빈 바구니에 담아놓고 갔습니다.

통키는 잠에서 깨어나지 않고 계속 잠만 자고 있습니다.

여우가 바구니에 빵을 놓고 간지 얼마 되지 않아서 다람쥐 다섯 마리가 나타났습니다. [789자]

2차 스키밍 훈련 8

실전속독 훈련 및 이해도 테스트

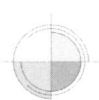

다람쥐들은 알밤을 잔뜩 주워가지고 마음대로 의자 앞을 지나가게 되었습니다.

다람쥐 한 마리가 마음대로 의자에 놓인 바구니를 발견하였습니다.

"이게 뭐지?" 다람쥐 한 마리가 의자 위로 올라갔습니다.

"얘들아! 엄청나게 큰 빵 두 개가 있어."

"야! 맛있다던 빵이잖아!"

다섯 마리 다람쥐 중에 한 마리가 말을 했습니다.

"얘들아, 우리는 밤이랑 도토리는 많이 먹어 보았잖아?"

"이 빵은 한 번도 먹어본 적이 없지?"

"이 빵을 먹어 보자!"

"빵은 마음대로 하는 의자에 있어"

"마음대로 먹어도 되나?"

"빵을 먹어보자!"

"그래 우리가 빵을 다 나누어 먹자!"

"대신 우리가 가지고 온 밤을 바구니에 담아두자!"

다람쥐 다섯 마리는 빵을 나누어 먹기 시작하였습니다.

다람쥐들은 맛있게 빵을 먹은 후 어디론가 사라져 버렸습니다.

마침내 통키가 기지개를 켜면서 일어났습니다.

"아~ 참 잘~잤다." [1,092자]

2차 스키밍 훈련 8

실전속독 훈련 및 이해도 테스트

"아이고, 내가 너무 오래 잤나?"

통키는 자기가 얼마나 잤는지도 모르고 눈을 비비며 바구니 안을 들여다보았습니다.

순간 통키는 깜짝 놀랐습니다.

"이게 어찌된 일이지?"

바구니에 있던 도토리가 모두 밤으로 바뀌었습니다.

통키는 어리둥절했습니다.

"도토리가 자라서 밤이 되었나?"

"누가 마술을 부렸나?"

"정말로 이상한 일이야"

통키는 자기가 자고 있는 동안 생긴 일은 전혀 모르고 있습니다.

"정말 그럴까! 도토리가 자라서 밤이 된 것일까?"

"아무리 생각해 보았지만 이해가 가질 않네!"

통키는 바구니에 든 밤을 등에 짊어지고 길을 떠났습니다. 끝

총 글자 수	1,301 자
최초 소요 시간	분 초

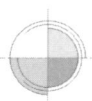

'통키의 도토리' 의 내용을 실전속독으로 이해하면서 훈련을 마치고
다음 훈련은 89쪽으로 이동하세요

문제 8 정답번호에 ☑로 표시하세요

속독 이해도 테스트

1. 아래 6문제 중에서 4문제 이상 맞추어야 합니다.
2. 틀린 문제가 있으면 다시 한번 속독으로 읽으면서 확인하세요.
3. 정답은 1회만 맞추고 2회부터는 실전속독 스피드훈련만 하세요.
4. 기록이 단축될 수 있도록 반복적으로 훈련하세요.

통키의 도토리

1. 주인공 이름은 통키입니다. 어떤 동물일까요?
   ① 곰 ② 당나귀 ③ 다람쥐 ④ 여우

2. 통키는 주인님의 심부름으로 무엇을 싣고 가는 중인가요?
   ① 도토리 ② 빵 ③ 밤 ④ 쌀

3. 도토리를 좋아해서 몰래 먹어버린 친구는 누구일까요?
   ① 다람쥐 ② 원숭이 ③ 곰돌이 ④ 통키

4. 마음대로 의자에 도토리 대신 놓고 간 물건은 무엇인가요?
   ① 빵 ② 밤 ③ 사탕 ④ 꿀단지

5. 여우는 빵 두 개를 의자에 놓고 갔어요.
   여우에게 남아있는 빵은 몇 개인가요?
   ① 3개 ② 1개 ③ 2개 ④ 4개

6. 동물친구들은 왜 허락도 없이 남의 음식을 먹었나요?
   ① 당나귀가 낮잠을 자고 있어서 ② 보는 사람이 없어서
   ③ 마음대로 의자라고 쓰여 있어서 ④ 먹는 것은 좋으니까

실전속독 스키밍 훈련 기록표

▶ 시간이 단축될 수 있도록 소요시간을 꼭 기록하세요.
▶ 실력이 향상되도록 같은 내용을 반복 훈련하세요.

통키의 도리

속독 스피드훈련 측정기록란

※ 매 3회 실시

[스피드측정 1]

1차 초 2차 초 3차 초

[스피드측정 2]

4차 초 5차 초 6차 초

속독 자율훈련 측정기록란

[자율훈련 1]

1차 초 2차 초 3차 초

[자율훈련 2]

4차 초 5차 초 6차 초

[자율훈련 3]

7차 초 8차 초 9차 초

아하! 논술 그거 쉽다!

통키의 도토리

♧ 아래 물음에 이유나 근거를 들어 자기의 생각을 펼쳐 보세요.
♧ 내 느낌을 글로 표현해 보세요.

1. 남의 물건을 맘대로 먹어버린 동물들에 대하여 내 생각을 적어보세요

2. 도토리가 밤으로 바뀐 이유는 무엇인가요?

2차 스키밍 훈련 9

실전속독 훈련 및 이해도 테스트

청하는 야옹이

날씨가 화창한 이른 봄날입니다.

숲 속에 사는 동물친구들이 모여서 놀기 좋은 날씨입니다.

토미는 깔끔하고 정리정돈 잘하는 아이입니다.

어느 날 토미는 야옹이와 곰돌이를 집으로 초대하였습니다.

"야옹아! 곰돌아! 오늘 오후에 우리 집에 놀러 와."

"응 알았어, 초대해줘서 고마워."

야옹이는 여자친구인 토미의 초대를 받으니 기분이 좋았습니다.

'토미가 나를 좋아하는구나!'

야옹이는 거울을 보고 얼굴과 옷을 점검합니다.

집을 나와 즐거운 마음으로 씩씩하게 토미네 집까지 걸어갔습니다.

야옹이가 토미네 집에 도착하였습니다.

토미네 집은 예쁜 창문이 있는 아담한 집입니다.

"딩동! 토미야, 나왔어."

"토미야! 안녕?"

"응! 어서 와, 야옹아"

"곰돌이는 일찍 와서 기다리고 있었어." [261자]

2차 스키밍 훈련 9

실전속독 훈련 및 이해도 테스트

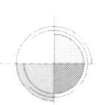

야옹이는 토미를 따라 토미의 방으로 들어갔습니다.

곰돌이는 동화책을 읽고 있었습니다.

"곰돌아! 안녕"

"야옹아! 안녕"

인사를 나누고 놀기 시작하였습니다.

어! 그런데 야옹이는 토미네 집에 있는 물건을 아무거나 마음대로 꺼내서 어지럽히고 있습니다.

야옹이는 시계를 꺼내서,

"이런 고물시계!"

시계를 내동댕이칩니다.

"이 게임은 재미없어."

갑자기 게임기 전기 코드를 '확' 잡아당겼습니다.

야옹이의 돌발행동에 토순이와 곰돌이는 '깜짝' 놀랐습니다.

야옹이는 정신없이 온 방을 마구 어지럽히고 있습니다.

"야옹아! 그만해!" [465자]

2차 스키밍 훈련 9

실전속독 훈련 및 이해도 테스트

토미가 화를 냈습니다.

정신없이 물건을 던지며 책을 찢고, 산만하게 노는 아이는 처음 보았습니다.

자기가 가지고 놀았던 장난감은 치우지 않고 계속 새로운 것만 좋아합니다.

'야옹이는 산만해'

토미와 곰돌이는 같은 생각을 합니다.

잠시 후

"우당탕! 우당탕!"

"무슨 소리지?"

깜짝 놀라서 쳐다보니, 야옹이는 계속해서 집안의 물건을 밖으로 던지며 어지럽히고 있습니다.

"그러지 마, 야옹아!"

토미와 곰돌이 부탁에도 소용이 없습니다.

"쨍그랑! 우와! 재밌다."

혼자서 물건을 마구 던지며 재미있어합니다.

온 집안을 어지럽히면서 실컷 놀고 난 야옹이는 토미의 집을 나왔습니다. [687자]

2차 스키밍 훈련 9

실전속독 훈련 및 이해도 테스트

야옹이는 미안한 기색도 없이 오히려 '메롱' 하고 혀를 내밀며 인사를 대신합니다.

"내일 또 놀러 올 게, 메롱!"

토미와 곰돌이는 약이 올랐습니다.

"정리를 하지 않고 그냥 가다니!"

야옹이가 얄미웠습니다.

토미와 곰돌이는 집안에 어지러워진 곳을 정리하기 시작합니다.

못 쓰게 된 물건과 종이들은 모아서 창문 앞에 차곡차곡 분리하여 내다 놓았습니다.

바로 그때였습니다.

어디선가 바람이 휘~잉! 하고 불어오더니 갑자기 회오리바람으로 변해 세차게 몰아칩니다.

창문 앞에 쌓아 놓았던 고장 난 장난감과 야옹이가 던져서 깨진 그릇들이 휴짓조각과 함께 바람에 날아갑니다.

못쓰게 된 쓰레기는 몽땅 야옹이네 집 마당에 떨어지고 말았습니다. [938자]

2차 스키밍 훈련 9

실전속독 훈련 및 이해도 테스트

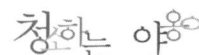

야옹이는 바람에 날아 온 쓰레기를 보고 "으악! 고양이 살려!" 하며 쓰러집니다.

더러운 것들이 모조리 야옹이네 집으로 날아온 것입니다.

야옹이는 지저분해진 자기 집을 보며 후회합니다.

"다시는 남의 집에 가서 어지럽히지 말아야지."

"놀고 난 후에도 내방처럼 정리 정돈을 해야겠다."

쓰레기를 치우느라 밤늦게까지 청소를 해야 했습니다.

"드디어, 와! 이제 끝났어!"

"청소 끝" 끝

총 글자 수	1,081 자
최초 소요 시간	분 초

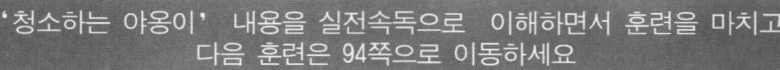

'청소하는 야옹이' 내용을 실전속독으로 이해하면서 훈련을 마치고
다음 훈련은 94쪽으로 이동하세요

문제 9 정답번호에 ☑로 표시하세요

속독 이해도 테스트

1. 아래 6문제 중에서 4문제 이상 맞추어야 합니다.
2. 틀린 문제가 있으면 다시 한번 속독으로 읽으면서 확인하세요.
3. 정답은 1회만 맞추고 2회부터는 실전속독 스피드훈련만 하세요.
4. 기록이 단축될 수 있도록 반복적으로 훈련하세요.

청소하는 야옹이

1. 예문에서 나온 동물이 아닌 것은?
   ① 토끼 ② 고양이 ③ 강아지 ④ 곰

2. 야옹이 보다 일찍 도착한 곰돌이는 무엇을 하고 있었나요?
   ① 게임을 하고 있었다. ② 동화책을 읽고 있었다.
   ③ 노래를 부르고 있었다. ④ TV를 보고 있었다.

3. 야옹이가 토미의 집에서 한 잘못된 행동이 아닌 것은?
   ① 게임기 전기 코드를 잡아당김 ② 책을 찢는다.
   ③ '메롱' 하고 놀렸다. ④ 토미와 곰돌이에게 인사를 했다.

4. 토미와 곰돌이는 야옹이가 집을 나간 후 무엇을 했나요?
   ① 집안 정리 정돈을 했다. ② 서로 쳐다보며 울고만 있었다.
   ③ 이제는 야옹이와는 끝장이라고 했다.
   ④ 야옹이 아줌마에게 전화로 일러바친다.

5. 야옹이가 나간 후 날씨의 변화는 어떠했나요?
   ① 비가 많이 내렸다. ② 회오리바람이 불었다.
   ③ 천둥번개가 쳤다. ④ 눈이 펑펑 내렸다.

6. 야옹이가 더러운 쓰레기들이 날아온 후 한 행동이 아닌 것은?
   ① 남의 집에서 어지럽히지 않아야 하겠다.
   ② 빗자루들 들고 청소하기 시작했다.
   ③ 정리정돈을 잘해야 되겠다!
   ④ 우리 집 쓰레기가 아니니 그냥 놔둔다.

실전속독 스키밍 훈련 기록표

▶ 시간이 단축될 수 있도록 소요시간을 꼭 기록하세요.
▶ 실력이 향상되도록 같은 내용을 반복 훈련하세요.

청하는 야옹이

속독 스피드훈련 측정기록란

※ 매 3회 실시

[스피드측정 1]

1차 초 2차 초 3차 초

[스피드측정 2]

4차 초 5차 초 6차 초

속독 자율훈련 측정기록란

[자율훈련 1]

1차 초 2차 초 3차 초

[자율훈련 2]

4차 초 5차 초 6차 초

[자율훈련 3]

7차 초 8차 초 9차 초

아하! 논술 그거 쉽다!

청소하는 야옹이

♧ 일상생활을 잘 관찰하는 습관을 기르세요.
♧ TV에서 나오는 좋은 정보를 잘 활용하세요.

1. 야옹이는 왜 청소를 할까요?

2. 친구네 집에서 놀다가 집으로 돌아 갈 시간입니다.
   내가 갖고 놀던 물건들을 어떻게 해야 하나요?

2차 스키밍 훈련 10

실전속독 훈련 및 이해도 테스트

금메달을 건 꼬물이

무더웠던 여름이 지나가고 과일이 풍성한 계절인 가을이 왔습니다.

꼬물이네 가족은 먹을 것이 풍부한 포도농장에 살고 있습니다.

꼬물이네 포도농장의 주인은 마음씨 좋은 아저씨입니다.

날씨가 맑은 어느 날 아침입니다.

포도 농원에 살고 있는 아기지렁이 꼬물이는 잠을 자고 있습니다.

엄마지렁이가 살짝 나뭇잎 이불을 들칩니다.

"아가야 어서 일어나라!"

그리고 꼬물의 볼에 뽀뽀를 합니다.

꼬물이는 잠에서 덜 깨었는지 일어나기가 싫습니다.

"싫어요! 싫어요! 조금만 더 자고 싶어요."

"일찍 일어나는 어린이가 새 나라의 착한 어린이지."

"부지런한 새가 맛있는 것도 많이 먹을 수 있단다."

"자! 어서 일어나자."

매일 아기지렁이를 깨우는 일은 쉽지 않습니다.

결국, 아기지렁이는 하는 수 없이 일어나고 말았습니다.

[278자]

2차 스키밍 훈련 10

실전속독 훈련 및 이해도 테스트

엄마지렁이는 아침부터 부지런히 몸을 움직여 일을 시작합니다.

아침 식사를 위해 이리저리 땅속을 파헤치며, 썩어가는 나뭇잎과 나무뿌리를 찾아서 흙 사이를 휘저으며, 여기저기 몸으로 굴을 팝니다.

흙 사이에는 여러 가지 음식 찌꺼기와 먹을 것이 많이 있습니다.

온몸이 땀범벅이 된 엄마를 보고 가슴이 아팠습니다.

"우리 엄마 대단해!"

그런데 어디선가 아이들의 목소리가 '종알종알' 들려오기 시작합니다.

어른의 목소리도 들리는 듯했습니다.

"어른과 아이들이 포도농원으로 걸어오고 있는 게 분명해."

아이들이 '선생님! 선생님!' 하며 따라다니는 걸 보니 학교에서 선생님과 아이들이 포도밭으로 체험학습을 나온 게 분명합니다.

선생님 손에는 '포도나무에 금메달 달아주기 대회' 팻말이 들어 있습니다.

[556자]

실전속독 훈련 및 이해도 테스트

"지금부터 이 포도농원에서 1등 상품인 포도를 찾으세요!"

"제일 잘 여물고 알이 굵고 탐스러운 포도를 찾는 거예요."

"누가 제일 맛있는 포도를 찾는지, 그 사람이 찾은 포도나무에 금메달을 걸어 줄게요."

"누가 금메달을 갖다 걸 수 있게 될지 정말 궁금합니다."

"시간은 30분을 드립니다."

"제한시간 30분에 가장 건강한 포도를 찾으세요."

"찾은 포도나무 앞에 서 있으면 됩니다."

선생님은 초시계를 들어 보이며 '시작'을 외칩니다.

그리고 동시에 초시계를 눌렀습니다.

아이들은 저마다 자기가 금메달을 받을 것이라고 생각하면 갑자기 선생님의 시작소리에 긴장을 하고 뛰어다닙니다.

포도밭 사이를 '깡충깡충' 토끼처럼 뛰어서 흩어지는 아이들 모습이 재미있습니다.

이제 약속된 30분이 지났습니다.

선생님은 종료를 알리려 호루라기를 붑니다.

"자, 그럼 각자 자기가 찾아낸 포도나무 앞에 서 있어요." [869자]

2차 스키밍 훈련 10

실전속독 훈련 및 이해도 테스트

꼬물이는 순간 놀랐습니다.

땅속에 있는 몸이 무거워지는 것을 느꼈기 때문입니다.

"아! 앗"

"분명 우리 집 위에 누군가가 서 있는 것이 분명해."

잠시 후 목소리가 들렸습니다.

"어머! 참! 잘 골랐네, 아주 먹음직스럽고 탐스럽게 잘 익었네."

"야 정말 맛있게 잘 익었구나!" 하고 선생님이 말했습니다.

그리고 꼬물이의 머리 위에서는 또 한 번 발걸음 소리가 '쿵쿵' 나더니 다시 꼬물이의 몸을 누르는 것이었습니다.

포도밭에 온 아이들이 다 모인 것이었습니다.

그리고는 떠날 생각도 없이 계속 그 자리에 서서 이야기하는 것이었습니다.

"바로 이 나무야!"

"이렇게 탐스러운 포도송이는 처음 본다."

"포도 알맹이가 큰 것이 왕사탕만 하네."

"우리 이 나무에 금메달을 달아주자."

아이들 중에 한 아이가 말을 했습니다.

아이들은 모두 "와! 좋아, 좋아!"

바로 그때였습니다. [1,156자]

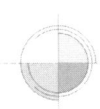

실전속독 훈련 및 이해도 테스트

"진짜 금메달 주인은 따로 있단다."

"네? 뭐라고요!"

포도 농원의 주인아저씨가 다가오면서 말했습니다.

주인아저씨는 포도나무 밑에 흙을 손가락으로 이리저리 파헤치니 지렁이가 살고 있는 집이 금방 허물어지고 말았습니다.

아기지렁이 꼬물이를 번쩍 들어 손바닥에 흙과 함께 올려놓았습니다.

아이들은 무엇인가 궁금해 아저씨의 손바닥 위를 자세히 들여다 보았습니다.

"어머나! 징그러워, 이건 지렁이잖아!"

아저씨는 "바로 이 녀석이 금메달을 받아야 해!"

"이 포도나무 아래서 열심히 땅을 파헤치고 기름지게 만들어 놓았단다."

"그럼 이 지렁이가 숨은 공로자네요."

"그렇다! 포도 알이 굵고 탐스럽게 있었던 것은 바로 이 녀석 때문이란다."

"이 녀석들은 땅속에서 나뭇잎이나 찌꺼기들을 먹으면서 잘게 뱉어내어 땅속의 흙을 기름지고 건강한 흙으로 만들어 낸단다."

"참, 고마운 일이지, 부지런한 일꾼인 지렁이는 어두운 땅속에서도 쉬지 않고 열심히 일을 했기 때문에 이렇게 탐스러운 포도를 수확할 수 있게 된 것이란다."

[1,516자]

2차 스키밍 훈련 10

실전속독 훈련 및 이해도 테스트

아이들은 지렁이가 땅을 갈고 기름지게 하며 오염을 정화시켜주는 땅속의 숨은 일꾼이라는 것을 알았습니다.

지렁이를 하찮은 생물로만 알았는데 새로운 것을 배웠습니다.

“그래서 이 지렁이에게 금메달을 걸어 주고 싶구나.”

“네! 우리도 대찬성이에요.”

“지렁이에게 금메달을 걸어주세요.”

선생님과 아이들은 포도농원 주인아저씨 손바닥에 있는 아기지렁이 꼬물에 금메달을 걸어 주었습니다.

모두 함께 만세를 불렀습니다.

“지렁이 만세!”

“흙 속의 일꾼 지렁이 만세!”

아이들은 만세를 부르며 모두 손뼉을 치며 기뻐했습니다.

아기지렁이 꼬물이는 금메달과 칭찬에 어리둥절했습니다.

“난 아니에요.”

“금메달을 받아야 할 분은 우리 엄마예요.”

손바닥 위에서 큰소리로 말했지만 꼬물이의 소리가 사람들에게 들리지 않았습니다.

계속해서 꼬물이는 칭찬과 박수소리를 들어야 했습니다.

“이 금메달은 엄마 것이야”

꼬물이는 엄마의 금메달을 뺏은 것 같아 죄송한 마음이었습니다.

며칠을 두고 꼬물이는 후회했습니다. [1,874자]

실전속독 훈련 및 이해도 테스트

그리고 새로운 다짐을 하며 일기를 씁니다.

꼬물의 일기장에는

'나는 아침 일찍 일어나는 어린이가 되겠다!'

'엄마처럼 부지런한 아이가 되자!'

'어른이 되면 엄마처럼 부지런히 일을 하여 지금처럼 부끄럽지 않게 떳떳하게 금메달을 받아야겠다.'

라고 씁니다. 끝

총 글자 수	1,974 자
최초 소요 시간	분 초

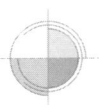

'금메달을 건 꼬물이' 의 내용을 실전속독으로 이해하면서 훈련을 마치고
다음 훈련은 101쪽으로 이동하세요

문제 10 정답번호에 ☑로 표시하세요

속독 이해도 테스트

1. 아래 6문제 중에서 4문제 이상 맞추어야 합니다.
2. 틀린 문제가 있으면 다시 한번 속독으로 읽으면서 확인하세요.
3. 정답은 1회만 맞추고 2회부터는 실전속독 스피드훈련만 하세요.
4. 기록이 단축될 수 있도록 반복적으로 훈련하세요.

금메달을 건 꼬물이

1. 꼬물이네 가족은 어디에 살고 있나요?
   ① 목장 ② 딸기밭 ③ 오리농장 ④ 포도농장

2. 엄마지렁이가 아침식사를 위해 하는 일이 아닌 것은?
   ① 나무뿌리를 찾는다. ② 나무그늘 아래서 쉰다.
   ③ 썩어가는 나뭇잎을 찾는다. ④ 땅속의 굴을 판다.

3. 선생님과 아이들이 포도밭에 온 이유는?
   ① 체험학습을 위하여 ② 포도 먹으러
   ③ 지렁이 잡으러 ④ 아저씨 만나러

4. 선생님이 1등 포도를 찾기 위한 시간을 얼마나 주었나요?
   ① 50분 ② 10분 ③ 30분 ④ 20분

5. 금메달의 주인공이 지렁이라고 주장한 사람은 누구인가요?
   ① 선생님 ② 주인아저씨 ③ 아이들 ④ 엄마지렁이

6. 왜? 지렁이가 금메달을 받아야 하나요?
   ① 지렁이는 꿈틀대서 ② 포도밭에 살아서
   ③ 땅속의 흙을 기름지고 오염을 정화시켜서
   ④ 지렁이를 아이들이 좋아하게 되어서

실전속독 스키밍 훈련 기록표

▶ 시간이 단축될 수 있도록 소요시간을 꼭 기록하세요.
▶ 실력이 향상되도록 같은 내용을 반복 훈련하세요.

금메달을 건 꼬물이

속독 스피드훈련 측정기록란

※ 매 3회 실시

[스피드측정 1]

1차 초　2차 초　3차 초

[스피드측정 2]

4차 초　5차 초　6차 초

속독 자율훈련 측정기록란

[자율훈련 1]

1차 초　2차 초　3차 초

[자율훈련 2]

4차 초　5차 초　6차 초

[자율훈련 3]

7차 초　8차 초　9차 초

아하! 논술 그거 쉽다!

금메달을 건 꼬물이

♧ 교과서에서 배운 내용을 잘 기억해 보세요.

♧ 살아있는 생물이나 식물을 평소에 관찰해 보세요.

1. 땅속 생물의 생김새와 특징을 생각해 봅시다.

지렁이를 본 경험을 글로 써보세요.

2. 내가 화가나 만화가라면 지렁이를 어떻게 그릴까요?

지렁이의 모습을 그려보세요.

2차 스키밍 훈련 11

실전속독 훈련 및 이해도 테스트

비를 피하는 방법

비 오는 날에 나무 아래 서 있으면 비를 맞지 않아요.

하늘에서 내려오는 맑은 물방울이 떨어지면 구슬이 되지요.

이슬비, 보슬비, 가랑비, 소낙비……

민수는 비 오는 날을 좋아합니다.

큰 나무 아래 서서 비 오는 장면이 아주 좋아요.

어린토끼도 비를 맞지 않아요.

우산처럼 생긴 큰 버섯 안에 들어가 비를 피한 답니다.

어린토끼도 비가 싫지는 않나 봐요.

하얀 웃음 지으며 당근 한 개 손에 들고 비가 그치길 기다리니까요.

어제는 민수가 영이 때문에 토라져 있었습니다.

그런데 오늘은 화해했나 봐요.

비가 오면 귀찮을 텐데 민수와 영이가 미소를 지으면 손수레를 쓰고 걸어가고 있네요. [224자]

2차 스키밍 훈련 11

실전속독 훈련 및 이해도 테스트

비 오는 날씨에 민수와 영이가 손수레를 쓰고 어디 가나요?
궁금하네요.
비 오는 날이면 재미있네요.
싫어했던 친구도 함께 갈 수 있어서 좋아요.
같이 걷다 보면 싸웠던 친구와도 친하게 지낼 수 있습니다.
비 오는 날에 아빠의 큰 모자를 씁니다.
아빠의 모자는 햇빛을 피하려고 아주 크게 만들었네요.
아빠의 모자를 우산처럼 써 봐요.
참 재미있어요.
민수와 동생은 아빠 모자를 함께 쓰고 재미있어합니다.

아빠의 큰 모자는 비를 막아줍니다.
모자가 젖으면 아빠가 화를 낼까요?
때로는 커다란 다리 밑이 우산이 되기도 합니다.
비 오는 날에 배를 타고 있어요. [440자]

2차 스키밍 훈련 11

실전속독 훈련 및 이해도 테스트

비가 내리면 우리는 다리 밑으로 들어가 비를 피해야 합니다.

다리를 우산 삼아 비를 구경해요.

문구점에서 나오는데 갑자기 비가 오네요.

주인 할아버지가 훈이 손에 신문지를 집어줍니다.

"할아버지! 신문 읽으라고요?"

"아니야, 우산 대신 신문지를 쓰고 가보렴."

비 오는 날 신문지를 써 봐요.

너무 재미있어요.

"우두둑" 빗방울 소리 재미있어요.

신문이 아프다고 하지 않을까요?

우산이 없는 미나는 처마가 우산이 되어줍니다.

미나는 처마 밑에서 오가는 사람들을 바라보아요. [624자]

2차 스키밍 훈련 11

실전속독 훈련 및 이해도 테스트

여기저기 사람마다 바쁘게 오
가는 모습이 재미있어요.
비 오는 날이면 집에 있어도
재미있어요.
창가에 기대서서 비 구경해요.
건너편 집 앞에 서 있는 사람
우산이 없어 고민하나요?
한참 동안 서서 비를 바라보고 있어요.
버스를 타고 집으로 가는 길입니다.
비가 조금씩 내리기 시작합니다.
버스 안에 있으면 비를 맞지 않아요.
거리에 사람들을 구경해요.
걸어가는 사람들, 뛰어가는 사람들
모두 표정이 재미있어요.
옆에 지나가는 차들도 재미있어요.
갓난아기를 태운 자동차가 비
를 맞아요.
창문 밖으로 머리를 내민 강
아지가 비를 맞고는 얼른 들
어가 버립니다.
강아지를 태운 자동차도 비를
맞네요. [858자]

2차 스키밍 훈련 11

실전속독 훈련 및 이해도 테스트

차 안에 있는 사람들은 다행스러워
차들이 비를 막아주니까
키다리 아저씨는 재미있어요.
키다리 아저씨는 다리가 길어요.
그래서 '롱다리 신사' 라고 한답니다.
아저씨는 멋쟁이라서 긴 코트를 즐겨 입어요.
비가 오면 우리는 롱다리 아저씨 코트로 들어가 비를 피해요.
조그만 아이들은 우산이 없어도 비를 피할 수 없어요.
바닷가 모래밭을 걷다가 비가 내리면 어떻게 할까요?
우산 대신 파라솔 밑에서 비를 피해요.
바다 속에 사는 물고기와 조개들은
아무리 많은 비가와도 비를 피할 수 있어서 좋겠어요.
비가 그치기 전에는 함부로 고개를 내밀지 못하겠죠?
비 오는 날에는 바깥세상이 궁금해 하지요.
그렇지만, 바다 속에는 친구들이 많아서 심심하지 않아요. 끝

총 글자 수	1,115 자
최초 소요 시간	분 초

비를 피하는 방법의 내용을 실전속독으로 이해하면서 훈련을 마치고
다음 훈련은 106쪽으로 이동하세요

문제 11

정답번호에 ☑로 표시하세요

속독 이해도 테스트

1. 아래 6문제 중에서 4문제 이상 맞추어야 합니다.
2. 틀린 문제가 있으면 다시 한번 속독으로 읽으면서 확인하세요.
3. 정답은 1회만 맞추고 2회부터는 실전속독 스피드훈련만 하세요.
4. 기록이 단축될 수 있도록 반복적으로 훈련하세요.

비를 피하는 방법

1. 어린토끼가 비를 피하여 우산처럼 쓴 것은 무엇인가요?
   ① 나무 ② 버섯 ③ 우산 ④ 모자

2. 민수와 영이가 같이 쓰고 간 것은 무엇인가요?
   ① 기차 ② 자동차 ③ 손수레 ④ 자전거

3. 아빠의 모자가 큰 이유는 무엇인가요?
   ① 멋을 내려고 ② 바람을 막으라고
   ③ 비를 막으려고 ④ 햇빛을 피하려고

4. 배를 타고 가다가 비가 오면 우산이 되어준 것은 무엇인가요?
   ① 다리 ② 바위 ③ 여객선 ④ 갈매기

5. 문구점 할아버지는 우산대신 무엇을 주었나요?
   ① 비닐봉투 ② 신문지 ③ 노트 ④ 책

6. 바닷가에서 비가 내리면 어떻게 비를 피하나요?
   ① 조개를 잡는다. ② 바다 속으로 들어간다.
   ③ 파라솔 밑으로 피한다. ④ 모래성을 쌓는다.

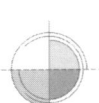

실전속독 스키밍 훈련 기록표

▶ 시간이 단축될 수 있도록 소요시간을 꼭 기록하세요.
▶ 실력이 향상되도록 같은 내용을 반복 훈련하세요.

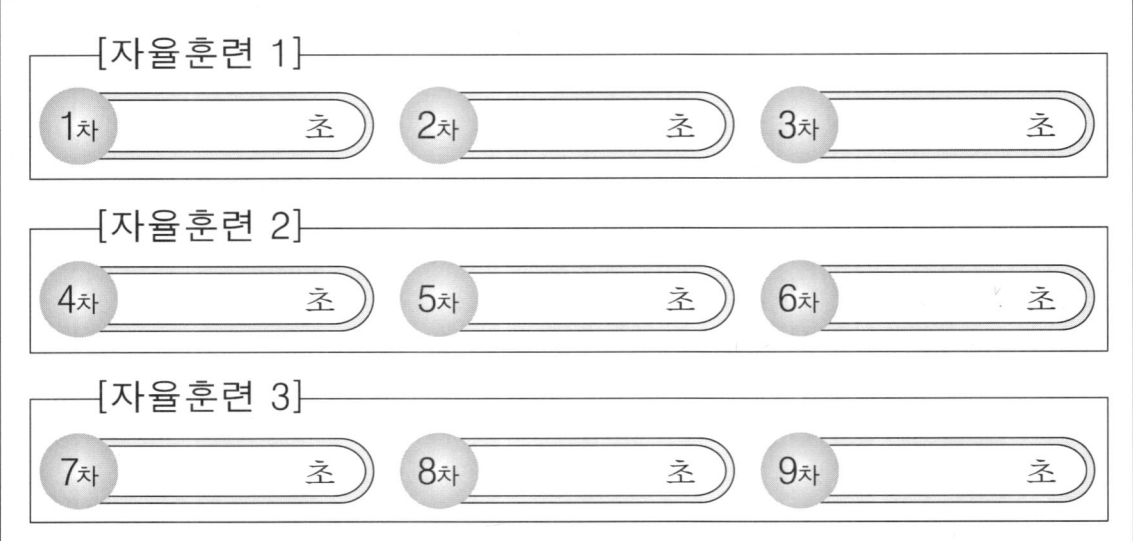

비를 피하는 방법

속독 스피드훈련 측정기록란

※ 매 3회 실시

[스피드측정 1]

1차 초 | 2차 초 | 3차 초

[스피드측정 2]

4차 초 | 5차 초 | 6차 초

속독 자율훈련 측정기록란

[자율훈련 1]

1차 초 | 2차 초 | 3차 초

[자율훈련 2]

4차 초 | 5차 초 | 6차 초

[자율훈련 3]

7차 초 | 8차 초 | 9차 초

아하! 논술 그거 쉽다!

비를 피하는 방법

♧ 일기예보를 잘 들어보세요.

♧ 홍수피해에 대하여 생각해 보세요.

1. 매년 6~8월경에 계속해서 많은 비가 내리는 현상을 장마라고 합니다. 본격적인 장마철을 맞아 행복할인마트에서는 '어린이 장마 용품 모음전'이 열린다고 합니다.

장마 대비 용품은 무엇이 있을까요?

2. 오늘 아침 일기예보에 비올 확률이 70%라고 한다. 학교가 끝나는 오후에는 비가 올 것 같습니다. 책가방 안에 준비할 것은 무엇인가요?

2차 스키밍 훈련 12

실전속독 훈련 및 이해도 테스트

비비추의 소원

산과 들에는 오랫동안 비가 오지 않아 가뭄이 계속되었습니다.
물을 먹어야 사는 비비추 꽃잎은 몹시 목이 말랐습니다.
날씨는 덥고 물을 마신지는 오래된 것 같습니다.
계속 있다가는 목이 말라 죽을 것만 같습니다.
비가 내리지 않아 물을 먹을 수가 없습니다.
비비추 꽃잎은 지나가는 바람대장에게 빌었습니다.
"바람 대장님! 바람 대장님!"
"저는 물이 되고 싶어요."
"물이 되면 목이 마르지 않고 물 걱정을 하지 않아도 되잖아요."
비비추 꽃잎은 바람 대장에게 물이 되게 해달라고 두 손 모아 빌었습니다.
날이 갈수록 비는 내리지 않고 결국 계속되는 가뭄에 어린 비비추 꽃잎은 시들어 죽고 말았습니다.

바람 대장은 비비추의 소원을 들어주기 위해 입김을 불어, 주위에 있는 흙을 모아 꼭꼭 덮어 주었습니다.
비비추 꽃잎은 땅속 깊이 묻히게 되었습니다. [292자]

2차 스키밍 훈련 12

실전속독 훈련 및 이해도 테스트

오랜 세월이 흘렀습니다.

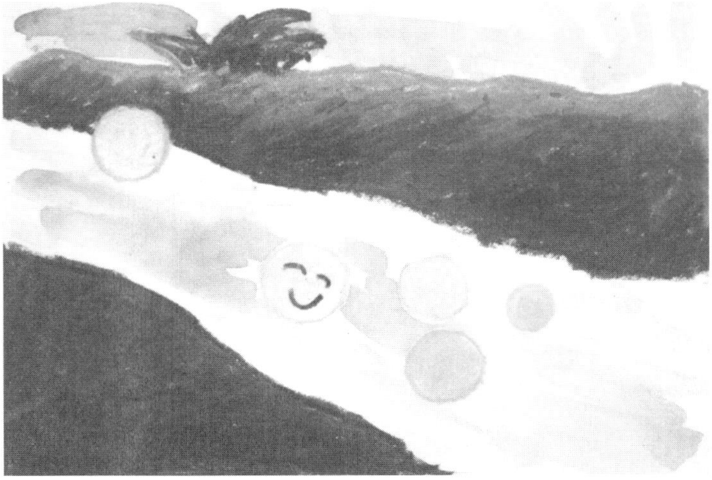

깊은 땅속은 물기가 있고 축축하였습니다.

비비추가 묻혀 있는 지척에서 조금씩 물이 흐르고 있었습니다.

드디어 비비추 꽃잎의 소원으로 물이 되었습니다.

비비추 꽃잎은 너무나 좋았습니다.

물이 된 비비추 꽃잎 옆에서 물방울들이 모여 재미있게 흐르고 있었습니다.

"너도 가만히 있지만 말고 어서 이리와!"

"우리 함께 흐르자!"

비비추 물방울은 다른 물방울들과 어울려 하나가 되어 흘러갔습니다.

물방울은 재미있게 흐르고 흘러 내려가다가 어느 날 그만 땅 위로 나오게 되었습니다.

'퐁! 퐁! 퐁!' 소리에 깜짝 놀라 주위를 살펴보니 산 속에 있는 옹달샘으로 빠져나왔습니다. [526자]

2차 스키밍 훈련 12

실전속독 훈련 및 이해도 테스트

물방울은 옹달샘을 지나 흘러, 흘러 아래로 내려갔습니다.

"우리는 또 어디로 흘러가는 거야?"

물방울이 말을 했습니다.

물방울은 쉬지도 않고 골짜기를 따라 계속 아래로 흘러 내려갔습니다.

골짜기를 따라 내려오는 동안 정말 시원합니다.

돌멩이가 있는 곳을 지날 때면 부딪치는 순간 "아얏! 아얏!" 하면서 내려오기도 하였습니다.

흘러 흘러서 골짜기를 다 내려왔습니다.

그곳은 위 골짜기보다 물이 조금 많이 있고 송사리 때가 여기저기서 헤엄쳐 다니고 있습니다.

송사리 한 마리가 물이 된 비비추 꽃잎에 다가오더니 비비추 꽃잎을 꿀꺽 삼켜 버렸습니다.

비비추 꽃잎은 송사리 배로 들어가는 줄 알고 깜짝 놀랐습니다. [768자]

2차 스키밍 훈련 12

실전속독 훈련 및 이해도 테스트

'빼끔빼끔' 하더니 물방울은 다시 송사리 아가미로 빠져 나왔습니다.

"아휴! 다행이다."

"그런데 왜 송사리는 물을 마셨다가 뱉지?"

물방울은 궁금해서 친구 물방울에게 물었습니다.

"응, 그것은 송사리가 숨을 쉬는 거야!"

"그래야, 물속에서 살 수 있거든."

서로 이야기를 나누며 흘러, 흘러 큰 강으로 흘러갔습니다.

한참을 내려가다가 갑자기 높은 곳에서 그만 곤두박질을 치고 말았습니다.

물방울은 깜짝 놀랐습니다.

"아! 무서워" 소리를 질렀습니다.

"이게 뭐지" 비비추 꽃잎은 겁에 질린 모습입니다.

옆에 있던 물방울이 말했습니다.

"너무 놀라지 마!"

"우리가 금방 전기를 만들어 낸 거야!"

"정말? 우리가 어떻게 만들어 냈다는 거야!"

"응! 지금 여기는 수력 발전소야"

"우리가 이 발전소를 막 지나왔거든, 우리 때문에 전기를 만들어 낼 수 있는 거야." [1,050자]

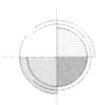

2차 스키밍 훈련 12

실전속독 훈련 및 이해도 테스트

"이젠 알았지?"

다른 물방울들이 설명해 주었습니다.

물방울은 계속 흘러 내려가 어느 시골의 저수지로 쪽으로 향하고 있었습니다. 저수지 근처에는 농부가 일하는 모습이 보입니다.

농부가 수박을 재배하는 농장입니다. 탐스럽게 잘 익은 수박들이 여기저기 많이 달렸습니다.

어느덧 물방울은 저수지에 도착하였습니다.

그때 마침 농부는 수박밭에 물을 주어야겠다고 하며 저수지 쪽으로 물통을 들고 갔습니다.

농부가 저수지에 있는 물을 긷는 순간 물방울은 물통 속으로 빨려들어 갔습니다.

농부는 물통에 담긴 물을 들고 수박밭이 있는 곳으로 갔습니다.

'철 철 철' 물을 줍니다. 안에 담겨있던 물방울이 수박밭으로 떨어지고 말았습니다.

수박은 "아! 시원해!" 뿌리로 물방울을 빨아드리고 있습니다.

물방울은 줄기를 타고 수박으로 들어갔습니다.

이제는 물방울도 더는 빠져나올 수가 없었습니다.

[1,363자]

2차 스키밍 훈련 12

실전속독 훈련 및 이해도 테스트

수박이 다 자랄 때까지 수박 속에 오래도록 머물러 있게 되었습니다.

어느 날이었습니다.

밖에서 발걸음 소리가 들리더니 누군가가 '통!통!통' 수박을 두드렸습니다.

사람들이 수박을 두드리면서 말을 하고 있었습니다.

방울이 사는 수박 옆으로 와서

"어! 이거 참! 잘 익었겠다."

순간 수박을 '쩍' 하며 쪼개는 것이었습니다.

사람들은 너도나도 수박을 나누어 들고 "와삭와삭, 사각사각" 맛있게 먹습니다.

사람의 몸에는 약 70% 정도가 물로 구성되어 있습니다.

몸속의 물은 잠시도 쉬지 않고 돌아다니고 있고 몸의 어느 부분에도 언제나 물은 있습니다.

우리가 매일 마시는 물은 입, 위, 장, 심장, 혈액 세포, 혈액, 시장, 배설 등의 순서로 순환합니다.

물방울은 수박과 함께 사람 입속으로 들어가고 말았습니다.

목구멍을 지나 위 속에서 수박과 함께 잘게 부서지면서 다시 빨간 핏줄 속으로 흘러들어 갔지요. [1,672자]

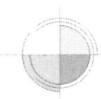

2차 스키밍 훈련 12

실전속독 훈련 및 이해도 테스트

물방울은 깜깜한 몸속을 이리저리 구석구석 뱅글뱅글 정신없이 돌아다녔습니다.

너무 많이 돌아다녔는지 사람 몸에서 열이 나기 시작하였습니다.

"사람의 피부에는 땀구멍이 있어."

드디어 물방울은 밖으로 나오기 위해 땀구멍을 찾았습니다.

땀구멍을 통하여 서서히 물방울이 빠져나왔습니다.

물방울은 땀이 되어 사람의 살갗에 맺혀 있습니다.

사람들은 "아유, 더워" 하며 부채질을 하기 시작했습니다.

물방울은 수분이 조금 날아가 가벼워지고 있습니다.

순간 가벼워진 물방울이 부채 바람에 의해 훌쩍 공중으로 날아갔습니다.

물방울은 하늘로 하늘로 점점 멀리 올라가고 있었습니다.

올라가면 올라갈수록 "아이 추워, 아이 추워"

아기물방울은 더욱 높이 올라갔습니다.

올라가 보니 물방울 친구들이 옹기종기 많이 모여 있었습니다.

"자! 우리 모두 함께 모이자!"

물방울들은 자꾸자꾸 모여들었습니다.

모여진 물방울은 다시 구름이 되었습니다. [2,005자]

2차 스키밍 훈련 12

실전속독 훈련 및 이해도 테스트

물방울들은 점점 무거워졌습니다.

'우두둑' 하면서 물방울들은 비가 되어 아래로 떨어집니다.

비비추 물방울도 비가 되어 함께 떨어집니다.

하늘로 훨훨 날아다니던 물방울은 넓은 바다에 비가 되어 떨어집니다.

바다는 넓고 깊었습니다.

"바람 대장님! 감사합니다."

"정말, 감사합니다."

"저의 소원을 이루어주셔서 감사합니다."

비비추 물방울은 바닷물이 된 것을 바람 대장님에게 감사를 표합니다.

바닷물이 된 자신이 너무나 자랑스러웠습니다.

비비추 꽃잎은 꿈을 이루었습니다.

그동안 힘들고 어려웠던 물방울이었지만 이제는 큰 바다에 살게 되었습니다.

넓은 바다에서 자유롭게 살게 되니 얼마나 좋을까요?

마침내 물이 되고 싶었던 비비추 꽃잎의 소원이 큰 바닷물로 이루어지게 되었습니다. 끝

총 글자 수	2,278 자
최초 소요 시간	분 초

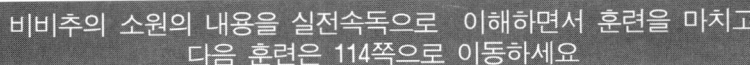

비비추의 소원의 내용을 실전속독으로 이해하면서 훈련을 마치고
다음 훈련은 114쪽으로 이동하세요

문제 12　　정답번호에 ☑로 표시하세요

속독 이해도 테스트

1. 아래 6문제 중에서 4문제 이상 맞추어야 합니다.
2. 틀린 문제가 있으면 다시 한번 속독으로 읽으면서 확인하세요.
3. 정답은 1회만 맞추고 2회부터는 실전속독 스피드훈련만 하세요.
4. 기록이 단축될 수 있도록 반복적으로 훈련하세요.

비비추의 소원

1. 비비추 꽃잎은 바람 대장에게 무엇이 되게 해달라고 했나요?
① 불　② 물　③ 구름　④ 흙

2. 송사리가 물을 뱉은 이유는 무엇인가요?
① 깜짝 놀라서　② 날씨가 더워서
③ 송사리가 숨을 쉬기 위하여　④ 너무 많이 마셔서

3. 물방울이 전기를 만들어 낸 곳은?
① 저수지　② 화력발전소　③ 풍력발전소　④ 수력발전소

4. 저수지 근처 밭에서 농부가 재배하고 있는 과일은 무엇인가요?
① 수박　② 호박　③ 참외　④ 딸기

5. 물방울이 사람의 몸에서 어떻게 나올 수 있었나요?
① 수박씨를 뱉으면서　② 열이 나서 피부의 땀구멍으로
③ 소변을 통하여　④ 목구멍으로 기침과 함께

6. 물방울이 비가 되어 떨어진 곳은 어디인가요?
① 넓은 바다　② 아름다운 산　③ 놀이동산　④ 수영장

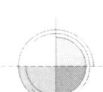

실전속독 스키밍 훈련 기록표

▶ 시간이 단축될 수 있도록 소요시간을 꼭 기록하세요.
▶ 실력이 향상되도록 같은 내용을 반복 훈련하세요.

비비추의 소원

속독 스피드훈련 측정기록란

※ 매 3회 실시

[스피드측정 1]

1차 초	2차 초	3차 초

[스피드측정 2]

4차 초	5차 초	6차 초

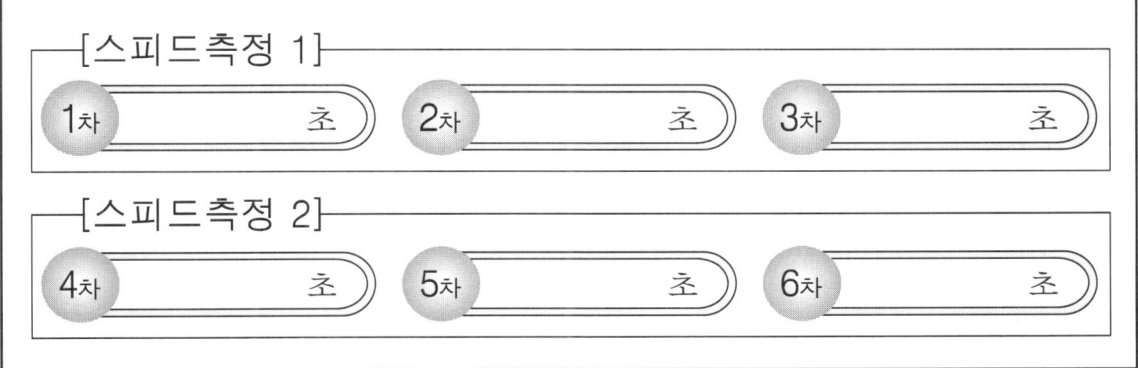

속독 자율훈련 측정기록란

[자율훈련 1]

1차 초	2차 초	3차 초

[자율훈련 2]

4차 초	5차 초	6차 초

[자율훈련 3]

7차 초	8차 초	9차 초

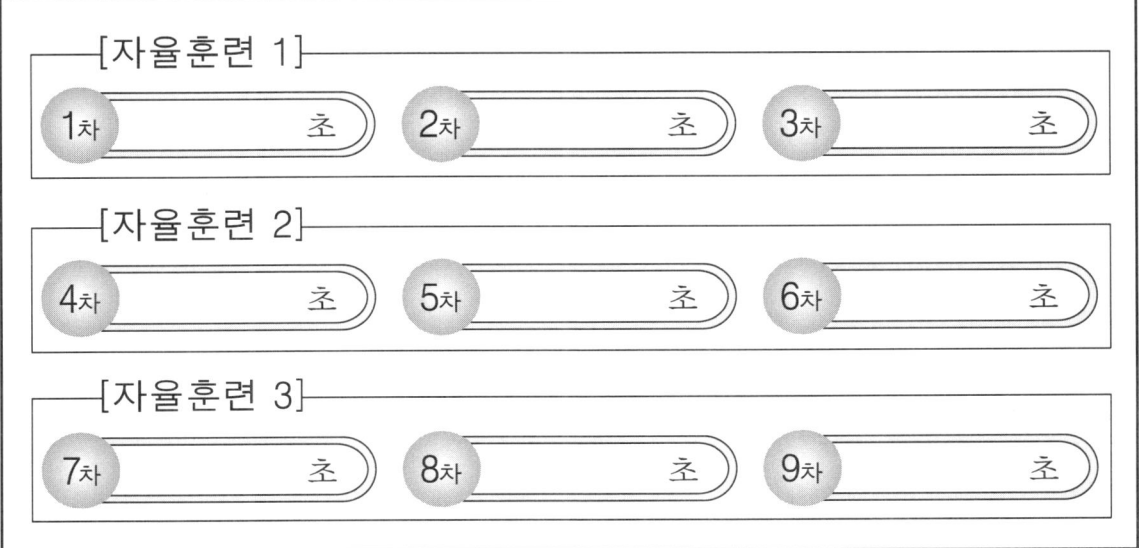

아하! 논술 그거 쉽다!

비비추의 소원

♧ 논술짱이 되려면 모르는 낱말은 국어사전을 찾으세요.
♧ 백과사전에 나온 사진이나 그림, 자세한 설명을 참고하세요.

1. 물은 수소와 산소의 화합물입니다. 물은 자연에서 다음과 같이 존재합니다. 물의 상태에 따라 분류하세요.

힌트: 물, 수증기, 눈, 얼음

고체상태 →

액체상태 →

기체상태 →

2. 물에 대한 고사성어로 돈을 물 쓰듯 하다(용전여수)라는 말이 있다. 옛날에는 물이 많아서 물처럼 과소비를 하지 말라는 뜻이다. 우리나라도 물자원이 점점 적어지고 있다. 물을 아껴 써야 한다. 물 절약 하는 방법을 집에서나 학교에서나 우리가 실행할 수 있는 방법을 적어 보세요.

A: 학교에서 물 아껴 쓰기

B: 집에서 물 아껴 쓰기

2차 스키밍 훈련 13

실전속독 훈련 및 이해도 테스트

해가 저녁에 지는 이유

하늘은 높고 맑은 가을입니다.

9월 넷째 주 토요일입니다.

해가 뜨는 일출시각은 오전 6시 13분입니다.

해가 지는 일몰시각은 오후 6시 24분입니다.

바닷가 풍경은 먼동이 트기 시작하면 고기잡이 어선들이 넓은 바다로 나갈 준비를 하느라 장관을 이룹니다.

드디어 일출시각 10분 전입니다.

곧 해가 올라올 듯 먼 바다가 주홍색으로 물들기 시작하다가 바다가 붉게 물들었습니다.

해 아저씨와 바다 아저씨가 서로 인사를 합니다.

"바다씨! 안녕하세요?"

"해씨! 안녕하세요?"

둘은 아주 오래전부터 가까운 친구 사이랍니다.

어느 날이었습니다.

해 아저씨와 바다 아저씨가 재미있게 이야기를 하던 중에 해가 들어가는 시간이 되어 서로 헤어지게 되었습니다. [258자]

2차 스키밍 훈련 13

실전속독 훈련 및 이해도 테스트

헤어지기가 섭섭하지만 해 아저씨는 바다 아저씨를 초대하기로 합니다.

"여보게! 우리 집에 한번 놀러 오게나."

바다 아저씨가 대답을 했습니다.

"나는 내가 데리고 있는 아이들이 너무 많아서 갈 수 없을 것 같아."

"그래도 한번 놀러 와"

"우리 집은 크고 넓어서 괜찮아."

"바다식구 모두 함께 와도 괜찮으니 놀러 오게나."

해 아저씨는 몇 번이고 말을 했습니다.

그리고 며칠이 지나 바다 아저씨는 해 아저씨 초대에 응하기로 하였습니다.

바다 아저씨는 해 아저씨 집에 가서 문을 "똑똑" 두드렸습니다.

"해씨! 나왔네, 자네 안에 있나?"

"자네가 초대하여 이렇게 왔네."

"어서 들어와! 반갑네!" [477자]

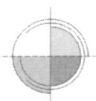

2차 스키밍 훈련 13

실전속독 훈련 및 이해도 테스트

해 아저씨는 반가운 마음에 문을 열었습니다.

앗! 문을 여는 순간 바닷물과 함께 갈치, 멸치, 오징어, 문어, 조개 전어, 불가사리, 바닷가재 등이 마구 들어오는 것이었습니다.

바닷물과 바다 속에 사는 아이들이 해 아저씨의 집안에 들어오고 물은 아저씨의 무릎까지 올라왔습니다.

"물이 계속 들어오고 집안에 물로 가득하였네."

"해 아저씨! 안녕하세요?"

"저희는 미역 자매입니다."

"저희는 꽃게 형제입니다."

미역과 꽃게들이 해 아저씨의 집안으로 들어오면서 인사를 합니다.

해 아저씨는 아이들이 인사를 잘하고 귀여웠지만 걱정이 앞섰습니다.

10분이 지나지 않아 물은 더욱더 세차게 많이 들어와 해 아저씨의 가슴까지 차올랐습니다.

"큰일이네, 물은 점점 들어오고 집안의 물은 자꾸만 높아져만 가는데." [750자]

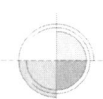

2차 스키밍 훈련 13

실전속독 훈련 및 이해도 테스트

해 아저씨의 집이 바닷물 때문에 엉망이 되니 해 아저씨는 무서웠습니다.

갑자기 물살이 들이닥칩니다.

'철석~ 철석~'

해 아저씨는 물과 함께 들어온 가재와 불가사리를 보고 깜짝 놀라서 창문 쪽으로 기대었습니다.

"해 아저씨! 놀라지 마세요."

"저희는 얌전히 있을게요."

바닷가재가 조용히 이야기 해 주었습니다.

몸이 별 모양인 불가사리 아이도 옆에서 안심을 시킵니다.

"그래요, 아저씨 안심하세요."

물은 점점 들어와 해 아저씨의 턱까지 올라왔습니다.

"이러다가 큰일 나겠어!"

드디어 해 아저씨는 결심을 했습니다.

"빨리 탈출해야 하겠다!"

해 아저씨는 하는 수 없이 껑충 뛰어 지붕 위로 올라갔습니다. [982자]

2차 스키밍 훈련 13

실전속독 훈련 및 이해도 테스트

"휴! 지붕이면 괜찮겠지?"

"아무리 바닷물이 많더라도 지붕까지 올라올 수는 없을 거야."

그러나 안심할 수는 없습니다.

바다 아저씨와 바다 속에 사는 물고기 아이들은 늘 살고 있는 곳이지만 해 아저씨는 바다아저씨와 아무리 친해도 해 아저씨와 같이 살 수는 없습니다.

잠시 후 바닷물이 해 아저씨를 따라 지붕 위까지 올라오고 말았습니다.

"안 되겠다! 더 높이 피신하자!"

해 아저씨는 바닷물을 피해 하늘까지 올라가게 되었습니다.

그래도 안심이 안 되는지 해 아저씨는 하늘로 높이 높이 올라갔습니다.

바닷물이 더는 따라오지 못하는 곳까지 해 아저씨는 아주 멀리멀리 산을 넘어 높은 하늘로 올라갔습니다.

다시는 내려오지 않고 영원히 하늘나라에서 바다를 바라보며 살았답니다.

끝

총 글자 수	1,249 자
최초 소요 시간	분 초

'해가 거기에 있는 이유' 의 내용을 실전속독으로 이해하면서 훈련을 마치고
다음 훈련은 119쪽으로 이동하세요

문제 13 정답번호에 ☑로 표시하세요

속독 이해도 테스트

1. 아래 6문제 중에서 4문제 이상 맞추어야 합니다.
2. 틀린 문제가 있으면 다시 한번 속독으로 읽으면서 확인하세요.
3. 정답은 1회만 맞추고 2회부터는 실전속독 스피드훈련만 하세요.
4. 기록이 단축될 수 있도록 반복적으로 훈련하세요.

해가 저기에 있는 이유

1. 날이 밝으면서 바닷가에서는 어떤 광경을 아침 시간에 볼 수 있나요?
   ① 일몰 ② 일출 ③ 월출 ④ 탈출

2. 해 아저씨와 바다 아저씨는 어떤 사이인가요?
   ① 형제 ② 친척 ③ 친구 ④ 사촌

3. 바다 아저씨는 해 아저씨의 초대를 왜 망설였을까요?
   ① 아이들이 장난이 심해서 ② 아이들을 돌봐줄 사랑이 없어서
   ③ 아이들이 서로 싸워서 ④ 데리고 있는 아이들이 많아서

4. 바다 속에 사는 아이들이 아닌 것은 무엇인가요?
   ① 미꾸라지 ② 조개 ③ 문어 ④ 불가사리

5. 해 아저씨를 안심시킨 아이들은 누구인가요?
   ① 조개, 갈치 ② 불가사리, 바닷가재
   ③ 멸치, 오징어 ④ 미역, 문어

6. 결국은 해 아저씨가 바닷물을 피해 올라가서 영원히 살게 된 곳은 어디인가요?
   ① 바다나라 ② 깊은 산속 ③ 하늘나라 ④ 지붕 위

실전속독 스키밍 훈련 기록표

▶ 시간이 단축될 수 있도록 소요시간을 꼭 기록하세요.
▶ 실력이 향상되도록 같은 내용을 반복 훈련하세요.

해가 거기에 있는 이유

속독 스피드훈련 측정기록란

※ 매 3회 실시

[스피드측정 1]

1차 초 | 2차 초 | 3차 초

[스피드측정 2]

4차 초 | 5차 초 | 6차 초

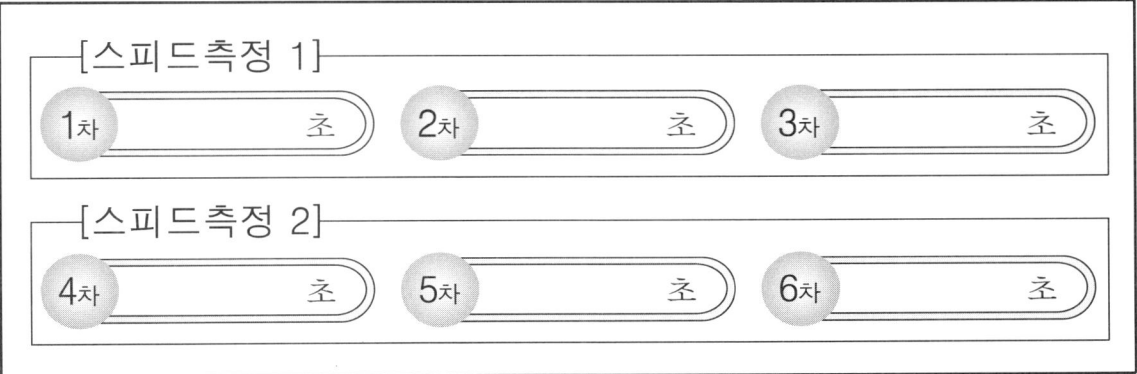

속독 자율훈련 측정기록란

[자율훈련 1]

1차 초 | 2차 초 | 3차 초

[자율훈련 2]

4차 초 | 5차 초 | 6차 초

[자율훈련 3]

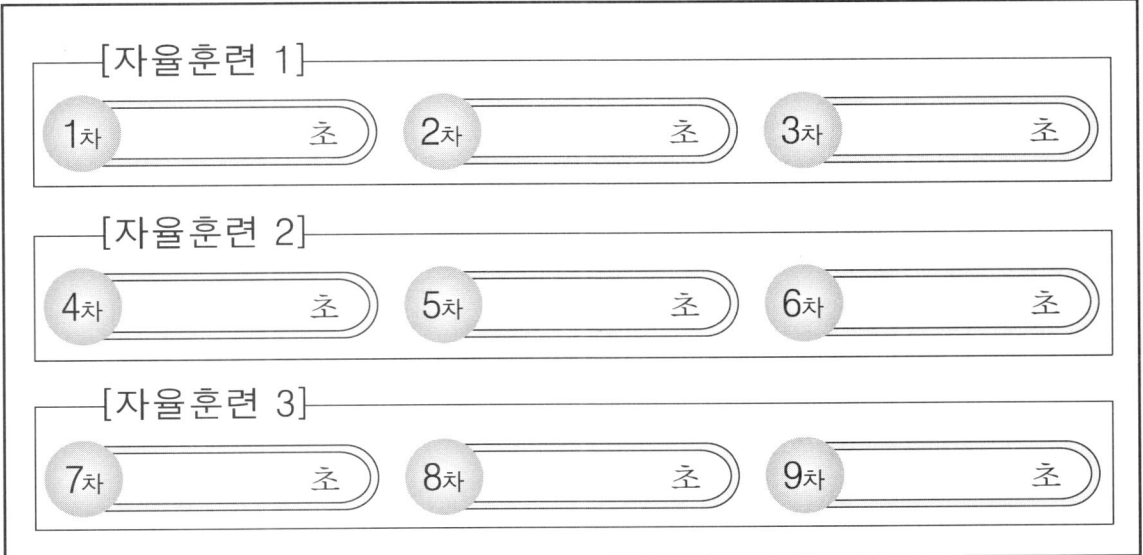

7차 초 | 8차 초 | 9차 초

아하! 논술 그거 쉽다!

해가 겨에 있는 이유

♧ 아래 물음에 이유나 근거를 들어 자기의 생각을 펼쳐 보세요.
♧ 내 느낌이나 주장을 이야기나 글로 표현해 보세요.

1. 봄, 여름, 가을, 겨울 해가 뜨고 지는 시간이 다릅니다.
   요즘은 몇 시에 해가 뜨고 몇 시에 해가 지는 지 관찰해 보세요.

   관찰일: 년 월 일 요일 날씨:

   일출시간: 시 분

   일몰시간: 시 분

   ---

2. 일년 중 낮이 제일 긴 날과 낮이 가장 짧은 날, 밤이 가장 짧고 밤이 가장 긴 날이 있습니다. 조사하여 기록해 보세요.

힌트: 하지, 동지

2차 스키밍 훈련 14

실전속독 훈련 및 이해도 테스트

자동차 이야기

자동차는 언제 태어났을까요?
아주 먼 옛날에는 자동차가 없었습니다.
그러면 사람들은 어떻게 다녔을까요?
옛날 사람들은 먼 거리에 있는 곳이나 저잣거리(시장)를 갈 때면 걸어서 다녀야 했습니다.
버스도 없고 자전거도 없었으니까요.
짚신을 신고 봇짐 하나 달랑 메고 길을 나섭니다.
우리는 먼 곳이나 가까운 곳이나 자동차를 타고 다닙니다.
그러나 오래전에 우리 조상님들도 모두 걸어서 다녔답니다.
걸어서 다니면 힘이 들겠지만 걷는 것은 건강에 좋습니다.
어떻게 하면 힘들이지 않고 다닐 수 있는 방법이 있을까요?
옛날 사람들은 고민을 많이 했습니다.
생각과 궁리 끝에 가마를 만들게 되었습니다.
가마는 한 사람만 앉아서 가고 앞에 한 명, 뒤에 한 명, 모두 두 명이 들고 가야했습니다.
임금님이 가마를 타고 갑니다. [283자]

2차 스키밍 훈련 14

실전속독 훈련 및 이해도 테스트

가마를 들고 있는 두 명의 군사는 힘들겠지요.
가마는 한 사람 때문에 두 사람이 모두 힘이 들었습니다.
그러다가 사람들은 힘들지 않게 걸어서 다니는 방법을 생각합니다.

"가마는 타고 있는 사람은 좋지만, 결국 사람이 가마를 들고 가야하니 너무 힘들었어. 좋은 방법을 찾아봐야겠어."
사람들은 생각 끝에 말을 길들여서 타고 다니면 되겠다고 생각합니다.
가마처럼 사람이 직접 들고 다닐 필요가 없으니 얼마나 편할까요?
그리하여 말을 길들여서 타고 다녔습니다.
그러나 오랫동안 말을 타고 여행을 하다 보니 말의 다리가 무리가 갔습니다.
먼 길은 말이 힘들어했습니다.
"다리도 아프고 너무 힘이 들어!" [519자]

2차 스키밍 훈련 14

실전속독 훈련 및 이해도 테스트

"지쳐서 더는 잘 달리 수가 없어!"

그래, 말보다 더 나은 방법을 찾자!

그리고 세월이 흘렀습니다.

사람들은 또 이런저런 생각을 했습니다.

어떻게 하면, 동물들을 힘들이지 않게 하고 빨리 달릴 수 없을까 하고 고민하기 시작했습니다.

그리고는 바퀴가 달린 가마를 만들게 되었습니다.

그것은 바로 인력거였습니다.

옛날 사람들은 사람이 끄는 인력거를 타고 다녔습니다.

그렇게 타고 다니던 중 인력거꾼이 너무 힘이 들어 보였습니다.

그래서 사람들은 좀 더 편하고 힘 안들이고 타고 다닐 방법이 없을까 생각하였습니다.

그것이 바로 자동차였어요.

자동차는 사람이 들고 다닐 필요도 없고, 끌고 다닐 필요도 없었습니다.

이렇게 좋은 자동차는 먼 길을 빨리 갈 수도 있고 여러 사람이 함께 탈 수 있어서 아주 좋았습니다.

시간도 매우 절약되며 여행을 할 때도 신나게 '씽씽' 달릴 수도 있습니다.

[826자]

자동차 이야기

2차 스키밍 훈련 14

실전속독 훈련 및 이해도 테스트

자! 그럼 자동차는 편하기만 할까요?

자동차에서 나온 매연이 환경오염이 주범으로 사람들의 건강을 해치고 있습니다.

그래서 사람들은 환경을 보호하기 위해서 '차 없는 날'을 정하였습니다.

9월22일은 '세계 차 없는 날' 입니다.

자가용을 자제하고 대중교통을 이용하자는 환경캠페인입니다.

1997년 프랑스에서 시작되어 39개국 2천1백여 개 도시가 참여하고 있습니다.

사람들은 '차 없는 날'에는 자동차 대신 자전거를 많이 타고 다녔다고 합니다.

서울은 미세먼지의 76%가 자동차 매연이 원인이라고 합니다.

사람들은 다시 고민합니다.

"환경오염이 안 되는 자동차를 만들어 내야 하겠어." 끝

총 글자 수	1,053 자
최초 소요 시간	분 초

'자동차 이야기'의 내용을 실전속독으로 이해하면서 훈련을 마치고
다음 훈련은 123쪽으로 이동하세요

문제 14

정답번호에 ☑로 표시하세요

속독 이해도 테스트

1. 아래 6문제 중에서 4문제 이상 맞추어야 합니다.
2. 틀린 문제가 있으면 다시 한번 속독으로 읽으면서 확인하세요.
3. 정답은 1회만 맞추고 2회부터는 실전속독 스피드훈련만 하세요.
4. 기록이 단축될 수 있도록 반복적으로 훈련하세요.

자동차 이야기

1. 옛날 사람들은 먼 거리의 저잣거리를 어떻게 다녔나요?
   ① 걸어 다녔다. ② 자동차를 타고 다녔다.
   ③ 비행기를 타고 다녔다. ④ 택시를 타고 다녔다.

2. 한 사람은 앉아서 가고 두 사람은 들고 가는 가야하는 것은 무엇인가요?
   ① 마차 ② 가마 ③ 자전거 ④ 인력거

3. 사람들은 걸어 다니는 것 대신 이 동물을 타고 다녔다고 한다. 이 동물은 무엇인가요?
   ① 소 ② 돼지 ③ 말 ④ 개

4. 바퀴가 달린 가마를 무엇이라고 하나요?
   ① 자전거 ② 자동차 ③ 마차 ④ 인력거

5. 자동차의 탄생으로 환경오염이 주범이 되어 사람들의 고민거리가 된 것은 무엇인가요?
   ① 바퀴 ② 물 ③ 매연 ④ 도로

6. 사람들이 환경을 보호하기 위하여 정한 날은 무엇인가요?
   ① 자전거 없는 날 ② 사람 없는 날
   ③ 차 없는 날 ④ 공휴일

실전속독 스키밍 훈련 기록표

▶ 시간이 단축될 수 있도록 소요시간을 꼭 기록하세요.
▶ 실력이 향상되도록 같은 내용을 반복 훈련하세요.

자동차 이야기

속독 스피드훈련 측정기록란

※ 매 3회 실시

[스피드측정 1]

1차 초 2차 초 3차 초

[스피드측정 2]

4차 초 5차 초 6차 초

속독 자율훈련 측정기록란

[자율훈련 1]

1차 초 2차 초 3차 초

[자율훈련 2]

4차 초 5차 초 6차 초

[자율훈련 3]

7차 초 8차 초 9차 초

아하! 논술 그거 쉽다!

자동차 이야기

♧ 신문이나 방송에 나온 통계에 관심을 갖습니다.
♧ 숫자를 적절히 응용하세요.

1. 우리 가족은 설날명절 연휴기간에 할아버지가 계시는 시골 고향에 가야합니다. 고속도로는 자동차가 많아서 길이 정체됩니다. 엄마와 나는 지루하지 않기 위하여 차창 밖 다른 차들을 보면서 자동차 이름 맞히기 게임을 합니다. 내가 아는 자동차 이름을 아는 데로 적어봅시다.

2. 우리나라는 자동차 주행거리가 연간 2만km로 '자동차 천국' 이라고 한다. 대중교통을 이용하여 에너지를 절약해야 한다. 자동차에 관련된 에너지 절약하는 운동이 시행중이다. 알고 있거나 나의 의견을 적어 보세요.

2차 스키밍 훈련 15

실전속독 훈련 및 이해도 테스트

뻥이요!

"뻥! 이요"
이 소리는 무슨 소리일까요?
아저씨가 외치는 소리입니다.
뻥튀기 아저씨를 모르는 아이들은 누가 거짓말을 했다고 소리치는 것이라고 생각하겠지요.
뻥튀기는 쌀옥수수 등을 밀폐된 용기 속에서 가열하여 튀겨내는 영양가 있는 과자입니다.
또, 어떤 것을 과장하여 부풀리는 일을 말하기도 합니다.
헛소문을 뻥튀기하여 퍼뜨리는 일은 나쁜 행동입니다.
'뻥이요' 소리는 영철이네 동네에 가끔 오시는 뻥튀기 아저씨가 강냉이가 다 되었을 무렵 아이들이 귀를 막고 있으라고 알려주는 소리입니다.
대포소리처럼 뻥하고 터졌다가 하얀 연기 속에서 한 양동이 수북이 쌓여 있는 강냉이 탄생이 재미있습니다.
오늘은 영철이가 누군가를 몹시 기다리고 있었습니다.
일주일 만에 한번 오는 뻥튀기 아저씨를 기다리고 있습니다.
아침부터 창 밖의 소리에 귀를 기울이고 있었습니다.
언제 '뻥' 하는 소리가 밖에서 들려올까 가슴이 막 뛰어옵니다. [333자]

2차 스키밍 훈련 15

실전속독 훈련 및 이해도 테스트

잠시 후, 영철이가 기다리던 '뻥이요' 소리와 함께 '뻥' 하는 소리가 들려왔습니다.

영철이는 쏜살같이 밖으로 달려갔습니다.

영철이는 입가에 환한 미소를 지으며 철망으로 된 긴 튀밥 통을 바라보고 있었습니다.

'튀밥이 눈처럼 하얗다.'

튀밥은 쌀로 튀긴 것을 말합니다.

영철이는 하얀 튀밥을 한참 동안 바라보았습니다.

아저씨는 금방 나온 튀밥을 자루에 담기 시작합니다.

그러다가 영철이가 와 있는 것을 보고는 튀밥 통에 손을 넣어 튀밥을 두 손으로 한 줌 담아 영철이 앞으로 내미는 것이었습니다.

영철이는 매우 좋아 입이 '쫙' 벌어집니다.

"헤헤, 아저씨! 고맙습니다."

인사를 하면서 두 손으로 가슴을 내밀고 튀밥을 받았습니다.

튀밥은 약간의 따뜻한 온기가 남아있었습니다.

영철이의 손에는 튀밥이 넘칠 것만 같아 불안했습니다.

"아저씨! 튀밥들이 서로 밀치며 싸우는 것 같아요."

"아저씨가 너무 많이 주셨나 봐요." [651자]

2차 스키밍 훈련 15

실전속독 훈련 및 이해도 테스트

인심 좋은 아저씨가 넉넉히 주셔서 아저씨 손보다 영철이의 손이 작으니 튀밥이 넘치는 것은 당연합니다.

영철이의 입가에 미소가 떠날 줄 몰랐습니다.

영철이는 하얀 튀밥을 먹으면서 아저씨 옆에 쭈그리고 앉아 아저씨의 뻥튀기는 모습을 관찰하였습니다.

먼저 대포처럼 생긴 튀밥 기계 속에 쌀을 넣은 후 단맛을 내는 당원을 적당히 섞어 넣고 두꺼운 쇠뚜껑을 꽉 덮고 고정 시켰습니다.

기계에 불을 붙이고 나서 서서히 손잡이를 잡고 돌립니다.

쏴~아~ 하는 불 소리와 함께 기계는 아저씨의 손에 이끌려 한참 돌아갑니다.

얼마나 시간이 지났을까!

돌리던 손을 멈추더니 "영철아! 어서 귀를 꽉 막으렴."

영철이는 아저씨의 말에 두 손으로 귀를 막았습니다.

몸을 살짝 웅크리며 눈을 가늘게 뜨면서 튀밥이 어떻게 튀는지 궁금했습니다.

아저씨는 길고 커다란 망으로 된 튀밥 통을 기계에 대고 '뻥이요' 하고 큰 소리로 외칩니다.

순간 '뻥' 하는 소리와 함께 어느새 흰쌀이 오동통한 튀밥으로 변하여

[1,000자]

2차 스키밍 훈련 15

실전속독 훈련 및 이해도 테스트

긴 망 안에서 춤을 추듯 날아가 들어갔습니다.

동네 아이들이 신기해서 달려왔습니다.

아저씨는 아이들에게도 튀밥을 한 주먹씩 나누어주었습니다.

아이들은 좋아서 어쩔 줄 몰랐습니다.

'아작아작' 튀밥을 입안 가득 넣으니 고소한 냄새가 코끝 가득 퍼져옵니다.

어느 날이었습니다.

영철이네 동네에 조그만 가게가 하나 생겼습니다.

가게에는 껌, 아이스크림, 사탕, 빵, 초콜릿, 등 여러 종류의 과자들을 팔았습니다. 아이들을 달콤한 여러 가지 과자들을 사먹기 시작하였습니다.

가게 때문에 튀밥을 찾는 손님은 점점 줄어만 갔습니다.

인심 좋은 아저씨의 밝은 모습은 점점 어두워졌습니다.

뻥튀기 장사는 손님이 없어서 점점 어려워졌습니다.

아저씨는 많이 속상하신지 담배를 한 모금 입에 물고 연기와 함께 긴 한숨을 소리 없이 내뱉고 계셨습니다.

영철이는 아저씨의 모습을 보고 기운이 없는 아저씨가 걱정이 되었습니다.

가게에 있는 사탕과 빵, 과자 등이 미웠습니다. [1,342자]

2차 스키밍 훈련 15

빵이요!

실전속독 훈련 및 이해도 테스트

영철이 친구들은 가게에서 사탕과 빵을 사먹으면서 맛있다고 자랑을 했습니다.

과자를 사먹는 친구들도 정말 미웠습니다.

영철은 가게서 파는 것들은 하나도 먹고 싶지 않았습니다.

어느 날 동네 엄마들이 모였습니다.

엄마들은 제각기 속상해서 아이들의 건강에 대하여 이야기를 나누고 있었습니다.

"글쎄 우리 아이는 너무 사탕을 좋아해서 이가 다 썩었어요."

"그래서 어제 아이를 데리고 치과에 다녀왔어요."

"의사 선생님이 단것을 너무 많이 먹어서 이가 썩은 거래요."

"그래요? 그럼 우리 아이도 이제부터 사탕 같은 것을 사주지 말아야겠어요."

"우리 아이는 아이스크림을 너무 좋아해서 어제 배탈이 났어요." [1,580자]

2차 스키밍 훈련 15

뻥이요!

실전속독 훈련 및 이해도 테스트

"겁이 나서 소아과에 갔더니, 의사 선생님이 찬 것을 너무 많이 먹어서 그런 거래요."

동네 아주머니들은 과자 때문에 밥을 제때에 먹지 않는다고 걱정이라고 모여서 이야기를 하고 있습니다.

영철이는 친구들을 모아 놓고 이야기하기로 결심을 합니다.

"얘들아, 우리 아무리 먹어도 이가 썩지 않고 또 배탈도 나지 않는 과자를 쪽지에 적기로 하자."

아이들은 대부분 튀밥을 적었습니다.

"그래, 너희도 알지? 튀밥은 먹어도 이빨이 썩지 않고 배탈도 나지 않아 우리 몸에 해가 되지 않는 과자라는 것을."

"앞으로 튀밥을 자주 먹자."

"뻥튀기 아저씨를 도와 드리자!"

"맞아, 예전처럼 우리 동네에 '뻥' 소리가 힘차게 울려 퍼지게 힘을 모으자."

아이들은 영철이의 말에 찬성하였습니다.

"그럼, 이제는 병원에 가지 않고 즐겁고 건강하게 잘 지낼 수 있지?"

병원에 자주 가는 훈이는 반가운 소리로 이야기를 합니다.

훈이는 주사와 약을 싫어하기 때문입니다.

아이들은 서로 약속을 하며 해가 되는 과자를 많이 먹지 않기로 하였습니다.

[1,934자]

2차 스키밍 훈련 15

빵이요!

실전속독 훈련 및 이해도 테스트

하루가 지났습니다.

영철이는 튀밥 아저씨가 궁금해서 밖으로 나갔습니다.

아이들은 누룽지 말린 것, 옥수수, 떡국에 넣는 떡이며, 쌀 등을 가지고 나와 튀밥을 튀기기 위해 줄을 서고 있었습니다.

오랜만에 아저씨는 다시 밝은 모습을 찾았습니다.

아이들도 '빵이요' 하는 아저씨의 소리에 신이나 즐거워하고 있었습니다.

하얀 튀밥은 오늘도 '빵' 소리와 함께 힘차게 철망 안을 날아다니고 있었습니다. 끝

총 글자 수	2,090 자
최초 소요 시간	분 초

'빵이요!' 의 내용을 실전속독으로 이해하면서 훈련을 마치고
다음 훈련은 130쪽으로 이동하세요

문제 15 정답번호에 ☑로 표시하세요

속독 이해도 테스트

1. 아래 6문제 중에서 4문제 이상 맞추어야 합니다.
2. 틀린 문제가 있으면 다시 한번 속독으로 읽으면서 확인하세요.
3. 정답은 1회만 맞추고 2회부터는 실전속독 스피드훈련만 하세요.
4. 기록이 단축될 수 있도록 반복적으로 훈련하세요.

뻥이요!

1. 뻥튀기에 대한 설명이 틀린 것은 어느 것인가요?
   ① 쌀을 튀겨낸 과자이다. ② 아저씨의 별명이다.
   ③ 어떤 것을 과장하여 부풀리는 일이다. ④ 옥수수를 튀겨낸 과자이다.

2. 영철이네 동네에 뻥튀기 아저씨는 며칠 만에 왔나요?
   ① 매일 ② 3일 ③ 7일 ④ 5일

3. 영철이는 튀밥이 무엇과 비슷하다고 느꼈나요?
   ① 눈처럼 하얗다. ② 설탕처럼 달다.
   ③ 소금처럼 짜다. ④ 솜사탕처럼 하얗다.

4. 뻥튀기 아저씨가 장사가 안 된 이유는 무엇인가요?
   ① 뻥튀기가 비싸서 ② 아저씨가 불친절하여서
   ③ 아저씨가 영철이만 귀여워해줘서
   ④ 동네에 가게가 생긴 후에 아이들이 사탕과 과자를 좋아해서

5. 동네 엄마들이 모여서 아이들을 걱정한 이유는 무엇일까요?
   ① 아이들이 과자 사느라고 돈을 많이 쓴다.
   ② 자녀가 잘못된 식습관 때문에 건강을 해치고 있다.
   ③ 아이들이 영철이와 자주 싸워서 걱정이다.
   ④ 뻥튀기 때문에 이가 썩어 치과에 다닌다.

6. 아이들은 먹어도 이빨이 썩지 않고 배탈도 나지 않아 우리 몸에 해가 되지 않는 과자로 무엇을 선택하였나요?
   ① 아이스크림 ② 튀밥 ③ 초콜릿 ④ 사탕

실전속독 스키밍 훈련 기록표

▶ 시간이 단축될 수 있도록 소요시간을 꼭 기록하세요.
▶ 실력이 향상되도록 같은 내용을 반복 훈련하세요.

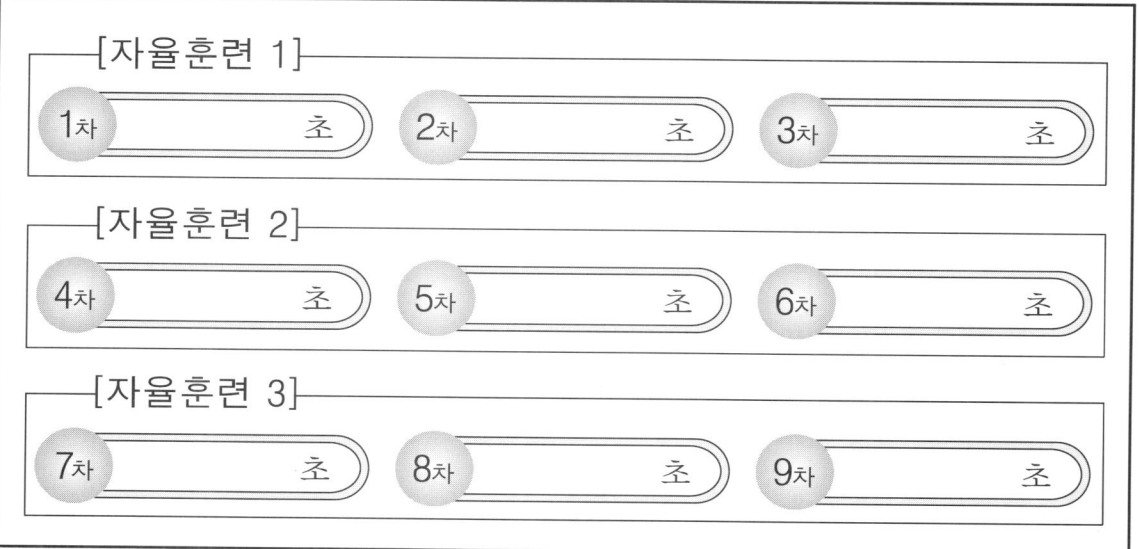

빵밍요!

속독 스피드훈련 측정기록란

※ 매 3회 실시

[스피드측정 1]

1차 초	2차 초	3차 초

[스피드측정 2]

4차 초	5차 초	6차 초

속독 자율훈련 측정기록란

[자율훈련 1]

1차 초	2차 초	3차 초

[자율훈련 2]

4차 초	5차 초	6차 초

[자율훈련 3]

7차 초	8차 초	9차 초

아하! 논술 그거 쉽다!

뻥이요!

♧ 아래 물음에 이유나 근거를 들어 자기의 생각을 펼쳐 보세요.
♧ 내 느낌이나 주장을 이야기나 글로 표현해 보세요.

1. 쌀로 만든 음식을 적어 보세요.

2. 내가 먹는 간식 중에 몸에 해롭다고 생각하는 것은 어떤 것일까요?

2차 스키밍 훈련 16

실전속독 훈련 및 이해도 테스트

무엇을 타고 갈까요?

윤수는 아빠가 생일 선물로 사주신 바퀴 셋 달린 세발자전거를 즐겨 탑니다.
자전거는 사람이 올라타고 두 발로 페달을 밟아 바퀴를 돌리면서 앞으로 나아가게 만든 것입니다.
윤수는 동네슈퍼에 갈 때 꼭 세발자전거를 타고 갑니다.
동네놀이터에서도 세발자전거를 타고 놉니다.
세발자전거는 윤수의 발이 되어주곤 합니다.
윤수는 세발자전거 타기를 참 좋아합니다.
'찌르릉찌르릉' 벨을 울리며 씽씽 달려갑니다.
윤수가 타고 달리는 세 발 자전거는 윤수의 자가용입니다.
자전거는 마음대로 타고 돌아다닐 수 있으니 얼마나 편리한지 모릅니다.
차가 다닐 수 있는 길에서는 자전거를 탈 수 없습니다.
언제 어디서 자전거보다 큰 차가 나타날지 모르니까요.
"윤수야! 위험하니, 자동차를 조심해라!"
엄마는 항상 조심하라고 주의를 주십니다. [290자]

2차 스키밍 훈련 16

실전속독 훈련 및 이해도 테스트

윤수는 엄마와 외출하는 날은 버스를 타야 합니다.
세발자전거로는 엄마와 함께 먼 길을 갈 수 없으니까요.
버스는 많은 사람을 동시에 태워 나를 수 있는 대형의 자동차입니다.
버스의 종류는 많아 시내버스, 좌석버스, 학교버스, 고속버스 등이 있습니다.
윤수와 엄마는 자주 시내버스를 이용합니다.

어떤 날은 버스를 타고 병원 근처에서 내렸습니다.
어떤 날은 할인점 근처에서 내렸습니다.
외할머니를 뵈러 갈 때는 버스를 두 번 갈아타야 합니다.
자전거보다 버스는 안전하고 빨리 목적지에 도착할 수 있어서 편리합니다.
가끔 엄마 짐이 많을 때는 택시를 타고 다니기도 합니다.
택시는 손님을 태워주고 거리와 시간에 따라 요금을 받는 영업용 자동차입니다.
택시는 버스보다 집 앞 가까이에 내릴 수 있어 좋지만 요금은 버스보다 비쌉니다.
길고 긴 차가 땅 밑으로 다닐 수 있을까요?
땅 밑으로 다니는 열차를 우리는 지하철이라 합니다.
지하철은 '지하철도'의 줄인 말입니다. [633자]

2차 스키밍 훈련 16

실전속독 훈련 및 이해도 테스트

지하철은 노선의 대부분을 땅속에 굴을 파서 만든 철도입니다.

땅 밑으로 달리는 지하철은 타고 가면 재미있습니다.

철로 위를 달리는 것은 기차랑 똑같습니다.

역을 지날 때마다 새로운 세상을 여행하는 것 같습니다.

지하철은 버스보다 빨라서 편하다고 사람들은 말합니다.

꼬리가 긴 차가 땅속 밑으로 왔다 갔다 하는 것이 신기합니다.

도시 한복판에 우뚝 솟은 빌딩이 있습니다.

빌딩은 철근 콘크리트 따위로 지은 고층건물입니다.

예전에 울창하던 숲은 간 곳없고 대신에 크고 작은 건물들이 많이 생겨서 도시가 많이 달라졌습니다.

지금도 내 키보다 몇십 배, 몇백 배 되는 건물을 신축하는 공사를 많이 하고 있습니다.

높은 건물은 어떻게 올라갈까요?

걸어서 올라갈 수 있을까요?

아니면 사다리를 타고 올라가면 빠를까요?

우뚝 솟은 높은 건물을 걸어서 올라간다면 다리가 아파서 끝까지 올라갈 수 없을 것 같습니다. [954자]

2차 스키밍 훈련 16

실전속독 훈련 및 이해도 테스트

높은 건물은 엘리베이터를 타고 올라가면 됩니다.

엘리베이터는 주로 5층 이상 건물에서 동력에 의하여 사람이나 짐을 아래 위로 이동시키는 기계를 말합니다.

승강기라고도 합니다.

엘리베이터는 빨리 올라갈 수 있어서 참 편리합니다.

백화점 엘리베이터 안에는 친절한 안내원 누나가 있습니다.

빌딩 안에는 많은 회사가 입주해 있어서 찾아가는 사무실을 잘 모를 때는 안내하는 누나에게 물어보면 친절하게 안내를 받을 수 있습니다.

먼 곳을 여행할 때면 기차를 타고 갑니다.

기차는 강물도 건너갈 수 있고 산도 뚫고 지나갑니다.

어디든지 갈 수 있을 것 같아요.

강물을 건너갈 때는 철교가 있어서 건너갈 수 있고 산을 지나 할 때는 터널이 있어서 쉽게 통과할 수가 있습니다.

기차를 타고 가면 창밖에 아름다운 경치도 구경하면 편하게 여행을 할 수 있어서 사람들은 정말 좋아합니다.

더 멀리 가고 싶을 때는 비행기를 타고 갑니다.

비행기는 프로펠러를 돌리거나 가스를 내뿜어서 하늘을 나는 기계입니다.

[1,310자]

2차 스키밍 훈련 16

실전속독 훈련 및 이해도 테스트

비행기는 새처럼 하늘을 날아서 목적지까지 갑니다.

비행기 밑에 구름 위를 지나는 기분은 신나고 재미있습니다.

윤수는 잠시 멋있는 상상을 합니다.

"비행기에서 낙하산을 타고 내려가면 어떨까?"

"와! 정말 재미있습니다."

우산모양의 낙하산을 타고 내려오는 상상을 하니, 정말 새가 되어 날아가는 것 같습니다.

넓은 바다를 건너야 하는데 어떻게 하면 건너 갈 수 있을까요?

고래 등을 타고 갈까요?

거북이 등을 타고 갈까요?

아니면 조그만 돛단배를 타고 건너갈까요?

이런 것들을 타고 간다면 파도에 밀려 바다에 빠질 수도 있습니다.

"아! 너무 위험합니다."

하지만, 큰 배를 타고 건너가면 안전합니다. [1,542자]

2차 스키밍 훈련 16

실전속독 훈련 및 이해도 테스트

바다에는 여객선이 사람을 바닷길로 옮겨줍니다.

여객선은 사람을 태워 나르는 것을 목적으로 하는 배입니다.

배 안에는 여러 가지 시설이 골고루 갖추어져 있어서 안전하고 편안하게 바다를 건너 갈 수 있습니다.

그리고 넓은 바다 속을 구경하려면 어떻게 하면 될까요.

잠수함을 타고 구경하면 됩니다.

잠수함은 물속에 잠기기도 하고 물 위에 떠다닐 수도 있는 배입니다.

잠수함은 바다 속에서도 물이 들어오지 않고 편안하게 물고기들을 구경할 수 있어서 정말 좋습니다.

잠수함관광은 시원한 바다 속으로 들어가 신기한 바다세계를 여행하는 것입니다.

바다 속에는 신기하게 생긴 여러 종류의 물고기가 각자 자기만의 색을 자랑하고 있습니다.

또한, 산호초 가오리 라이온피쉬, 새끼상어, 이름모를 물고기들이 많이 있습니다.

달나라에는 무엇이 있는지 궁금합니다.

어떻게 하면 달나라에 갈 수 있을까요.

달나라에 가려면 우주선을 타고 가면 됩니다. [1,878자]

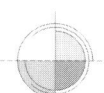

2차 스키밍 훈련 16

실전속독 훈련 및 이해도 테스트

우주선은 사람이 과학기술로 우주공간을 비행하게 한 기계입니다.

우주선을 타기 위해서는 먼저 우주 비행사가 되어야 합니다.

우주선을 타고 '삐용' 하고 하늘나라로 날아가면 구경할 수 있습니다.

거기에는 반짝이는 별들도 참 많이 있겠지요.

보석처럼 빛나고 있는 별들이 얼마나 아름다울까요?

그 틈에서 초승달은 고요히 잠을 자고 있습니다.

밤하늘은 멋있고 아름답습니다. 끝

총 글자 수	2,027 자
최초 소요 시간	분 초

무엇을 타고 갈까요?의 내용을 실전속독으로 이해하면서 1단계 최종훈련을 마치고 나서 다음은 글자가 점점 작아지는 2단계 · 3단계 훈련으로 시작하세요.

문제 16

정답번호에 ☑로 표시하세요

속독 이해도 테스트

1. 아래 6문제 중에서 4문제 이상 맞추어야 합니다.
2. 틀린 문제가 있으면 다시 한번 속독으로 읽으면서 확인하세요.
3. 정답은 1회만 맞추고 2회부터는 실전속독 스피드훈련만 하세요.
4. 기록이 단축될 수 있도록 반복적으로 훈련하세요.

무엇을 타고 갈까요?

1. 윤수가 생일 선물로 받은 것은 무엇인가요?
   ① 피아노 ② 책 ③ 장난감 ④ 자전거

2. 외할머니 댁에 갈 때 버스를 몇 번 갈아타야 하나요?
   ① 한 번 ② 두 번 ③ 세 번 ④ 네 번

3. 윤수 어머니가 짐이 많을 때 가끔 이용하는 교통수단은?
   ① 비행기 ② 버스 ③ 택시 ④ 기차

4. 땅 밑으로 다니는 열차를 무엇이라 하나요?
   ① 지하철 ② 육교 ③ 지하도 ④ 고속도로

5. 5층 건물을 올라가는 방법이 아닌 것은?
   ① 엘리베이터를 이용한다. ② 승강기를 이용한다.
   ③ 사다리를 타고 올라간다. ④ 계단을 이용한다.

6. 읽은 글 내용에서 잠수함 관광으로 봤던 물고기가 아닌 것은 무엇인가요?
   ① 산호초 ② 새끼상어 ③ 라이온피쉬 ④ 오징어

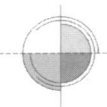

실전속독 스키밍 훈련 기록표

▶ 시간이 단축될 수 있도록 소요시간을 꼭 기록하세요.
▶ 실력이 향상되도록 같은 내용을 반복 훈련하세요.

무엇을 타고 갈까요?

속독 스피드훈련 측정기록란

※ 매 3회 실시

[스피드측정 1]

1차 초 2차 초 3차 초

[스피드측정 2]

4차 초 5차 초 6차 초

속독 자율훈련 측정기록란

[자율훈련 1]

1차 초 2차 초 3차 초

[자율훈련 2]

4차 초 5차 초 6차 초

[자율훈련 3]

7차 초 8차 초 9차 초

아하! 논술 그거 쉽다!

무엇을 타고 갈까요?

♧ 두 물건의 장점이나 단점을 비교해 보세요.
♧ 다양한 독서로 글을 쓸 때 적절히 활용하세요.

1. 자전거가 자동차보다 좋은 점은 무엇인가? 자동차와 자전거의 단점과 장점을 비교해 보세요.

2. 집에서 가장 먼 곳에 갔을 때 이용했던 교통수단과 시간을 적어보세요.

답안

이해도 테스트

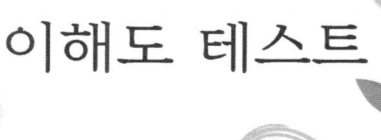

1. 나비로 변신한초록벌레 ··· 147쪽

1. 3 2. 2 3. 1 4. 2 5. 4 6. 2

2. 미키와 미니의 소풍가는 길 ··· 155쪽

1. 4 2. 2 3. 3 4. 1 5. 2 6. 1

3. 하마는 왕따! ··· 162쪽

1. 4 2. 2 3. 3 4. 1 5. 3 6. 3

4. 이슬이네 꽃밭 ··· 169쪽

1. 2 2. 4 3. 3 4. 2 5. 3 6. 2

5. 새가 된 다미 ··· 176쪽

1. 4 2. 2 3. 3 4. 3 5. 1 6. 2

6. 이까짓 추위쯤이야! … 184쪽

1. 3 2. 4 3. 1 4. 3 5. 2 6. 2

7. 괴물은 무서워! … 193쪽

1. 3 2. 4 3. 1 4. 2 5. 3 6. 4

8. 통키의 도토리 … 201쪽

1. 2 2. 1 3. 3 4. 4 5. 2 6. 3

9. 청소하는 야옹이 … 209쪽

1. 3 2. 2 3. 4 4. 1 5. 2 6. 4

10. 금메달을 건 꼬물이 … 219쪽

1. 4 2. 2 3. 1 4. 3 5. 2 6. 3

11. 비를 피하는 방법 … 227쪽

1. 2 2. 3 3. 4 4. 1 5. 2 6. 3

답안
이해도 테스트

12. 비비추의 소원 … 238쪽

1. 2 2. 3 3. 4 4. 1 5. 2 6. 1

13. 해가 거기에 있는 이유 … 246쪽

1. 2 2. 3 3. 4 4. 1 5. 2 6. 3

14. 자동차 이야기 … 253쪽

1. 1 2. 2 3. 3 4. 4 5. 3 6. 3

15. 뻥이요! … 263쪽

1. 2 2. 3 3. 1 4. 4 5. 2 6. 2

16. 무엇을 타고 갈까요? … 273쪽

1. 4 2. 2 3. 3 4. 1 5. 3 6. 4

알아두기! 속독의 용어 및 기법

▷ **스캐닝**

스캐닝 scan·ning

1 〈물리〉 주사(走査).

2 〈컴퓨터〉파일이나 프로그램의 내부를 검색하여 필요한 항목을 찾는 일.

필요한 키워드나 특정 정보를 빨리 찾는 과정입니다.

독자가 필요한 선택된 정보를 눈으로 자료를 빨리 훑어보고 찾습니다.

스캐닝 기법은 사전의 단어 찾기, 도서관의 전화번호 찾기 등으로 많은 분량의 자료에서 특정정보를 알아내는 방법입니다.

교과서의 중요 내용이나 핵심단어를 찾는 방법입니다.

▷ **스키밍**

skim·ming

1 (찌기 · 더껑이의) 떠냄

2 [pl.] 떠낸크림

3 《속어》 소득의 은폐

IT용어로 카드 소지자의 허락 없이 카드상의 정보를 전자적으로 복사해 가는 부정행위의 뜻이기도 합니다.

속독법에서는 '스키밍한다' 로 속독법에서 많이 쓰이는 기술 중 하나입니다.

'제비가 물위를 닿을락 말락하게 날다' 의 원래의 뜻을 상상하세요.

스키밍 기법은 집중력을 최대한 동반하여 빠르게 대강이나 대충 훑어본다는 뜻입니다.

'대충 읽는다' 고 한다면 건성으로 비효율적으로 읽는 다는 뜻이 아님을 강조합니다.

속독법에서는 전체내용을 이해하면서 빠르게 독파한다는 뜻입니다.
일반적인 개요를 파악하는 기법입니다.
알고 있는 내용을 생략하여 읽습니다.
미끄러지듯이 책을 빨리 보는 독서라고 합니다.
자료의 전 부분을 대강 훑어보면서 빠르게 간파하는 것입니다.
간파란? 볼 간(看), 깨뜨릴 파(破)
국어사전에서는 속내를 꿰뚫어 알아차림.
즉, 책의 내용을 꿰뚫어 보아 알아차린다는 뜻입니다.
간파는 문제해결이나 학습의 한 원리인 통찰(洞察)이라는 뜻과 같습니다.

▷ **스키마**

sche·ma
1 개요, 윤곽, 대략;도해(圖解), 도식
2 【논리】(삼단논법의) 격(格);【문법·수사학】 비유, 형용, 구법(句法);【철학】 (칸트의) 선험적도식;【심리】 도식
스키마는 배경지식을 말합니다.
즉, 책을 읽기 전부터 갖고 있는 지식입니다.
지식에는 단순지식과 경험을 통한 지식이 있습니다.
간접경험을 통해 지식을 얻는 방법은 독서입니다.
배경지식을 쌓으려면 다독이 필요합니다.
다독을 하는 방법은 속독법을 배우는 것이 으뜸입니다.
배경지식(스키마)은 기억 속에 체계적·조직적으로 저장되어 있는 지식 구조입니다.
스키마 방법은 이해보다 정보를 먼저 입력하는 기억을 중요시합니다.

▷ 트레이닝

train · ing

1 훈련, 교육;양성, 연습;단련;조교

2 【원예】 가지다듬기

3 (훈련을 받는 사람의) 컨디션

트레이닝은 속독법에서 기본훈련이나 연습을 뜻합니다.

▷ 스 킵

skip

1 뛰어다니다, 깡충깡충 뛰다, 표면을 스치며 날다

2 ≪영≫ 줄넘기하다

3 훑어보다, 건너뛰다, 띄엄띄엄 읽다

4 ≪속어≫ 황급히[남몰래] 가다

5 급히 여행하다, 서둘러 가다

스킵은 속독법에서는 훑어보거나 건너뛰어 읽기입니다.

띄엄띄엄 읽는다는 뜻도 있지만 속독법에서는 아는 내용을 훑어 본다는 뜻입니다.

▷ 스 킴

스킴은 스키밍의 동사 형태로 스쳐 지나가거나 미끄러지듯이 책을 빠르게 본다는 뜻입니다.

스캐닝, 스키밍, 스키마 등은 속독에 관한 서적에 많이 나오는 용어입니다.

속독법에서 스키밍, 스킵, 스킴 등은 빨리 읽기 위해 아는 내용을 건너뛰어 읽기나 훑어 읽는 방법으로 비슷한 뜻의 용어입니다.

재미있는 한글과 그림 속독법 인증 급수표

- 1분당 읽은 글자 수를 기준으로 각 급수를 인증합니다.
- 급수기준은 이해도 테스트에서 70% 이상 득점하는 조건입니다.
- 책을 빨리 읽었어도 내용 테스트에서 70% 이하 점수는 불합격입니다.
- 최선을 다하여 좋은 점수로 합격합시다.
- 이해도 테스트는 학년별로 수준에 맞는 내용의 책을 선택합니다.
- 읽은 경험이 없는 책으로 테스트합니다.

1분간 읽은 글자 수 산출 공식

총 글자 수 ÷ 소요시간(초) × 60

초등생 속독급수 평가하기

분 류	급 수	1분당 글자 수
속독 고급	1급	2,501 ~ 3,000글자 이상
	2급	2,001 ~ 2,500글자 이상
속독 상급	3급	1,501 ~ 2,000글자 이상
	4급	1,201 ~ 1,500글자 이상
속독 중급	5급	901 ~ 1,200글자 이상
	6급	701 ~ 900글자 이상
속독 하급	7급	501 ~ 700글자 이상
	8급	301 ~ 500글자 이상

재밌는 한글과 그림 속독법 1단계

2007. 10. 29. 초 판 1쇄 발행
2015. 7. 20. 개정판 1쇄 발행

지은이 | 손동조
펴낸이 | 이종춘
펴낸곳 | BM 성안당
주소 | 121-838 서울시 마포구 양화로 127 첨단빌딩 5층(출판기획 R&D 센터)
413-120 경기도 파주시 문발로 112(제작 및 물류)
전화 | 02) 3142-0036
031) 950-6300
팩스 | 031) 955-0510
등록 | 1973.2.1 제13-12호
출판사 홈페이지 | **www.cyber.co.kr**
ISBN | 978-89-315-7860-7 (13010)
정가 | 18,000원

이 책을 만든 사람들
책임 | 최옥현
진행 | 정지현
표지 디자인 | 박원석
홍보 | 전지혜
국제부 | 이선민, 조혜란, 신미성, 김필호
마케팅 | 구본철, 차정욱, 나진호, 이동후, 강호묵
제작 | 김유석